JN209941

光と影の両面をあわせもつ中国史上の異才
曹操の足跡をたどる

曹丞相府跡に立つ曹操像（河南省許昌市。
©imagine China/amanaimages）

曹操の故郷である沛国譙県の曹操宗族墓。曹操以前の曹一族が祀られており、近くには曹操の祖父・曹騰の墓もある（安徽省亳州市。©beibaoke/PIXTA）

曹操の足跡1 群雄割拠の乱世を生き抜く

西暦	年齢	事績
155	1	曹操、後漢に仕える太尉・曹嵩の子として生まれる
156	2	孫堅が生まれる（～192）
161	7	劉備が生まれる（～223）
166	12	宦官勢力に批判的な士大夫（党人）らを宦官側が一斉検挙し、その多くが政界から終身追放（禁固）に処される。その後、169年にも党人への禁固が行われる（党錮の禁）
174	20	孝廉に推挙されて任官。以降は郡県の長官などを歴任する
182	28	孫権が生まれる（～252）
184	30	太平道を組織する張角が蜂起、「黄巾の乱」発生。騎都尉として鎮圧に加わる
187	33	曹丕が生まれる（～226）

曹操が許に迎えた献帝のために、献帝が天を祀る祭壇として造営した毓秀台（河南省許昌市。©Niu shupei-Imaginechina/amanaimages）

188	34	新設された霊帝の親衛隊を指揮する西園八校尉（典軍校尉）に任じられる
189	35	霊帝死去。董卓が少帝を廃し献帝を擁立、宮中の実権を掌握する 董卓に反対し洛陽を去る
190	36	兗州陳留郡（現在の河南省開封市）で挙兵し、袁紹を盟主とする反董卓連合軍に参加する 董卓が洛陽を焼き払い、長安に遷都する
191	37	袁紹の推薦により東郡太守に任じられる 荀彧が幕下に加わる
192	38	呂布らが董卓を殺害する 兗州牧を自称し青州の黄巾軍を迎え撃ち、降兵を青州兵として配下に置く

曹操の足跡2

中原をめぐる覇権争いを制す

河北の支配者・袁紹に勝利した官渡の戦いで曹操本陣が置かれたとされる曹公台に立つ曹操騎馬像（河南省鄭州市。©FUMIO YAGI/SEBUN PHOTO/amanaimages）

西暦	年齢	事績
193	39	袁術に攻められるが撃退する 徐州牧の陶謙により父・曹嵩が殺害される。徐州に反攻し「男女十数万人」を虐殺する
195	41	呂布に兗州を攻められるが勝利し、兗州牧に任命される
196	42	長安を脱出した献帝を豫州の許（現在の河南省許昌市）に迎える 許などで屯田制を実施する
197	43	皇帝を自称した袁術が北上してきたため破る
198	44	徐州を支配していた呂布を破り、処刑する
199	45	袁紹が公孫瓚を滅ぼし河北を平定する 呂布に敗れ曹操の元にいた劉備が造反、徐州を奪われる

許に変わる拠点となった鄴城に造営された宮殿・銅雀台跡。その後に造営された氷井台・金虎台とあわせ「三台」と称された（河南省邯鄲市。©FUMIO YAGI/SEBUN PHOTO/amanaimages）

200	46	江東を支配下に置いていた孫策が暗殺され、弟の孫権が後を継ぐ 官渡の戦いで袁紹を破る
204	50	袁紹の子・袁尚を攻めて、鄴を落とす 冀州牧となり、根拠地を鄴に移す
206	52	袁紹の子・袁譚を滅ぼし、冀州を平定する
207	53	袁尚・袁熙と北方の遊牧民族烏桓の連合軍を白狼山（現在の遼寧省朝陽市）で破り、袁紹の本拠地であった河北を平定する

曹操の足跡3
赤壁の敗戦、そして魏王へ

赤壁古戦場の長江沿いの崖に刻まれた赤壁摩崖石刻。中華統一を目指して江南に進出した曹操は、孫権・劉備連合軍に敗れ、三国鼎立時代を迎える契機となった（湖北省威寧市）

西暦	年齢	事績
208	54	三公を廃止し、後漢の丞相となる 赤壁の戦いで孫権・劉備軍に敗れる
210	56	鄴に宮殿・銅雀台を造営する
211	57	渭水の戦いで馬超らを破り、関中を平定する
212	58	孫権討伐のため、濡須（現在の安徽省蕪湖市）に兵を進める
213	59	魏公となり、九錫を受ける
214	60	献帝の伏皇后と二人の皇子を殺害する 娘が皇后に立てられる
215	61	五斗米道の張魯が降伏し、漢中を獲得する
216	62	魏王となる
219	65	劉備に漢中を攻められ、定軍山の戦いで曹操の重臣・夏侯淵が戦死。援軍として出向くが途中で撤退、劉備に漢中を奪われる
220	66	死去。「武王」の諡号を贈られる 曹丕が献帝の禅譲により魏を建国する
221		劉備、蜀を建国する
229		孫権、呉を建国する
263		魏が蜀を滅ぼす
265		司馬炎が魏帝曹奐の禅譲により晋を建国する
280		晋が呉を滅ぼす（三国時代終わる）

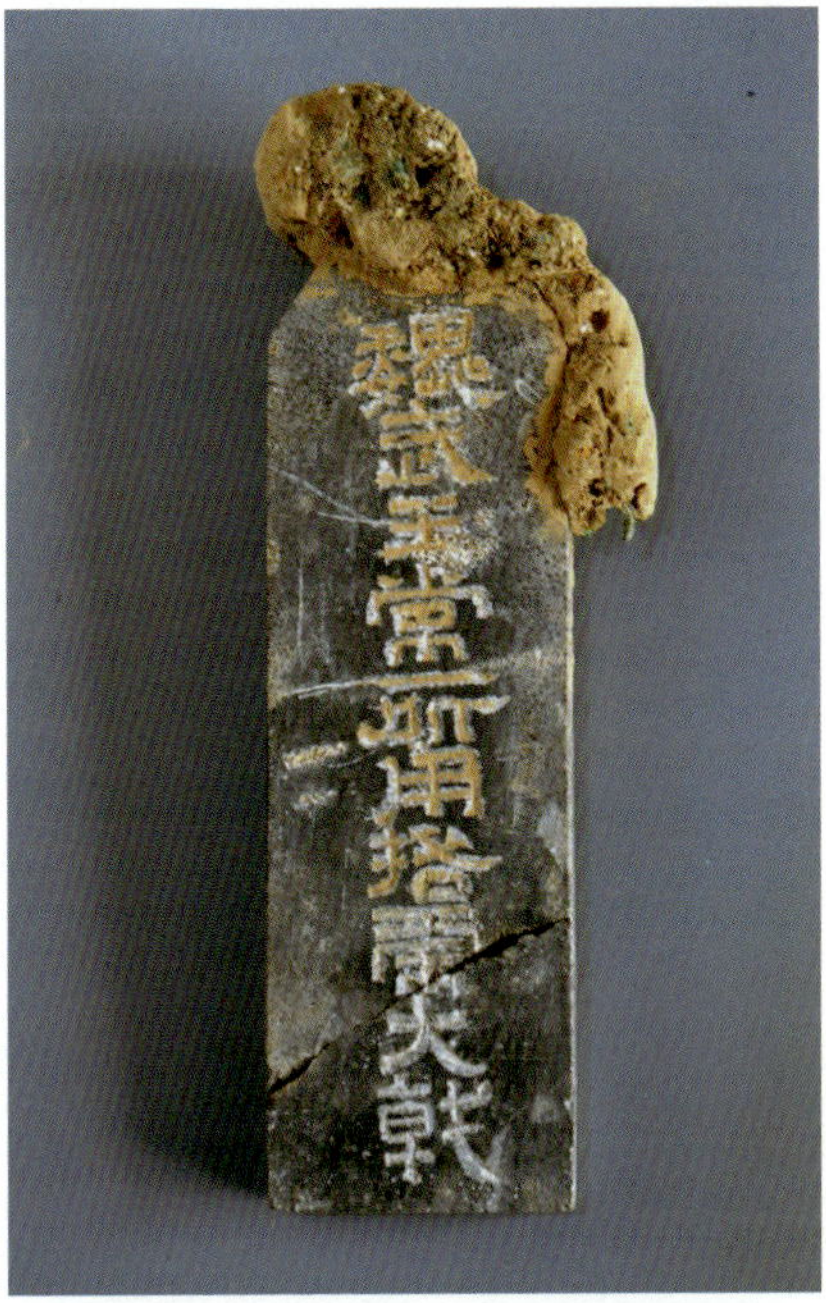

曹操の墓「曹操高陵」から出土した「魏武王」と刻まれた石牌。曹操は帝位につかぬままこの世を去り、息子・曹丕が魏を建国し初代魏帝となった（河南省安陽市。写真：アフロ）

曹操の死後、曹丕が献帝から禅譲を受けて皇帝となる儀式を行った受禅台。これにより漢王朝は消滅し、魏が建国した（河南省許昌市。©MASAO ISHIHARA/SEBUN PHOTO/amanaimages）

21世紀の大発見！曹操高陵

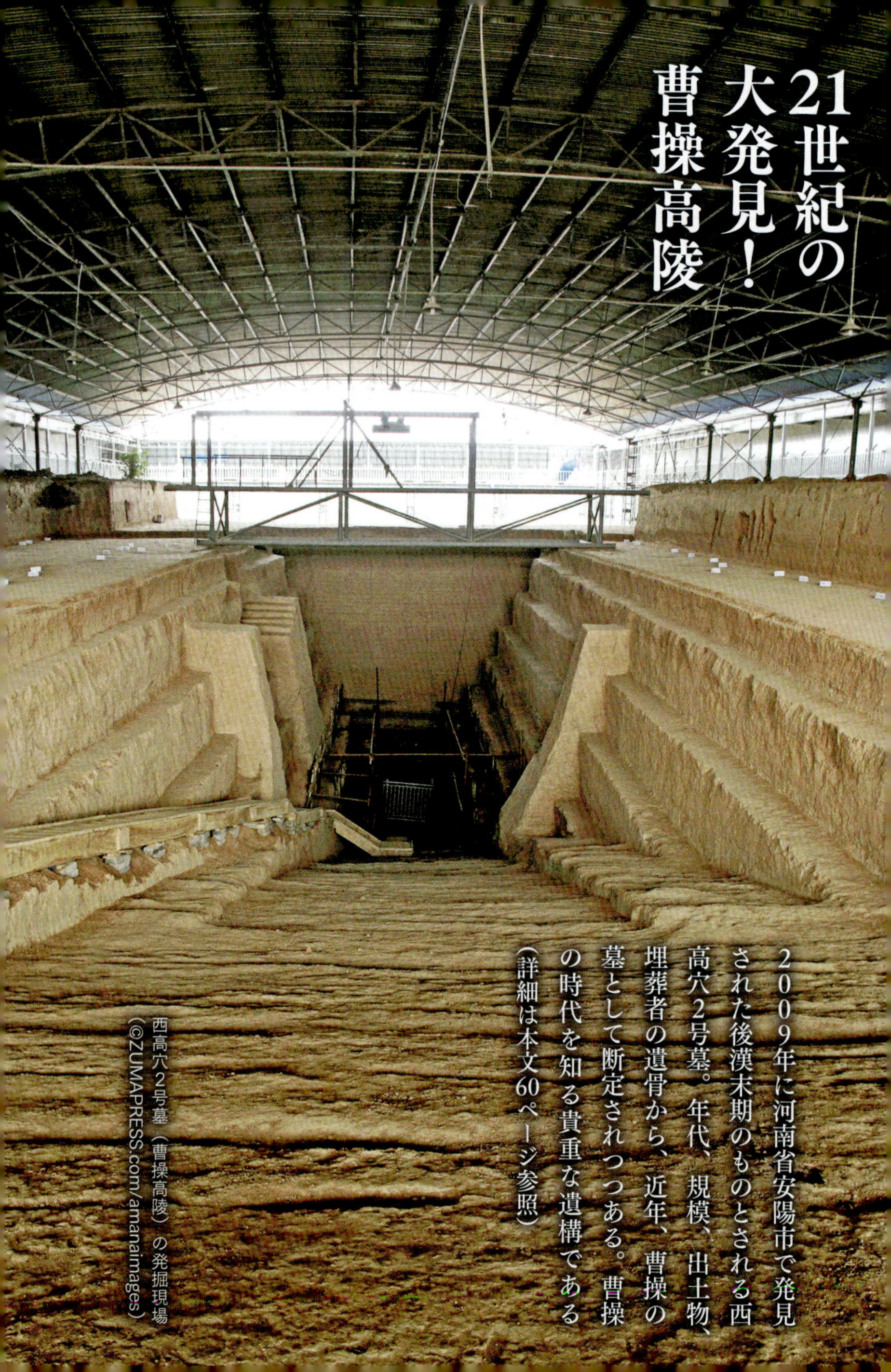

2009年に河南省安陽市で発見された後漢末期のものとされる西高穴2号墓。年代、規模、出土物、埋葬者の遺骨から、近年、曹操の墓として断定されつつある。曹操の時代を知る貴重な遺構である
（詳細は本文60ページ参照）

西高穴2号墓（曹操高陵）の発掘現場
（©ZUMAPRESS.com/amanaimages）

曹操

奸雄に秘められた「時代の変革者」の実像

三国志学会 監修

山川出版社

はじめに

本書は、三国曹魏《そうぎ》の基礎を築いた曹操《そうそう》にかかわる、最近の研究成果を整理したものである。曹操は、『三国志演義《さんごくしえんぎ》』では悪役で、「奸絶《かんぜつ》」（奸のきわみ）とされる。だが、史実では、四百年に及ぶ漢《かん》帝国が崩壊し、約三百七十年の分裂を経て、隋唐《ずいとう》帝国が形成されていくうえで、欠くことのできない役割を果たした。同じく三国時代の人物で、圧倒的な人気を誇る諸葛《しょかつ》亮《りょう》がたとえ出現しなくとも、中国史の「かたち」はそれほど大きくは変わらない。これに対して、曹操の有無は、中国が再び統一帝国を形成し得たか否かを問い直す必要が生ずるほど、中国史上に大きな意味をもつのである。

『三国志』を著した陳寿《ちんじゅ》が評するように、曹操は「非常の人」、時代のなかで傑出した英雄であった。しかし、それだけで曹操に注目が集まるわけではない。寛治《かんち》から猛政《もうせい》へという儒教に基づく統治のなかで生き方の規範とした橋玄《きょうげん》から猛政を受け継ぎ、羌《きょう》族との戦いのなかから後漢の征西将軍が生み出した総合戦術に工夫を加えたように、時代の変革期のなかで曹操は大きな影響を受けている。このため、曹操の分析により、三世紀中国の変動が鮮明に把握できるのである。しかも、曹操高陵《こうりょう》の発掘により、曹操が儒教に基づく厚葬《こうそう》に反対して主張した、薄葬《はくそう》を実践していたことが実証された。中国史上における曹操の位置は今こそ問い直されなければなるまい。

本書は、三章に分けて、曹操に迫ることにした。

第一章「歴史のなかで曹操像はどう語られてきたのか?」は、最も著名な『三国志演義』から曹操高陵までに見えてきた曹操像を論ずる。

仙石知子「『三国志演義』と「正史」の曹操像はどこが違うのか?」は、『三国志演義』の通行本である毛宗崗《もうそうこう》本が、曹操を「奸」絶と位置づけながらも、『三国志』に記される許劭《きょしょう》からの人物評価である「奸雄」の「雄」を描き出したことが、曹操を英雄として見る三国志受容の一因であるとする。石井仁「曹操の出自はほんとうに卑しいのか?」は、亳《はく》州古城(旧譙《しょう》県城)の南郊に残存する曹氏一族墓地の分析などから、曹操を出した「沛《はい》国の曹氏」が、少なくとも譙県一帯において、ある程度の勢力をもつ豪族であったことを論証する。田中靖彦「後世、人物像はどう評価されてきたのか?」は、曹操の人物像の変遷には、何を正統とするかをめぐる、歴代王朝の国家観と時代ごとの政治状況が深くかかわっていたという。

佐々木正治「曹操高陵の発掘調査から何がわかったのか?」は、曹操高陵が王墓であり皇帝の墓であるという二面性をもち、高陵を基準に魏の墓制は制定され、かつその後の陵墓小型化の起点となったことがわかる、とするのである。

第二章「『覇者』たらしめた政治力と軍事力の源泉とは？」は、曹操の諸政策より、その台頭理由を探る。

渡邉義浩「曹操が目指した理想の政治とはどのようなものだったのか？」は、曹操が施行した法律と刑罰を重視する猛政が、橋玄の影響を受けながら、『春秋左氏伝《しゅんじゅうさしでん》』を典拠に推進された国家統治の引き締め策であったことを述べる。袴田郁一「軍事面での曹操の評価はどうだったのか？」は、曹操の軍事制度史上で注目される青州兵《せいしゅうへい》と都督制《ととくせい》とが、いずれも漢代までの徴兵・将軍制度の崩壊に対処するための政策であったことを明示する。渡邉将智「曹操政権と魏王朝の都、それぞれの役割とは？」は、許《きょ》と鄴《ぎょう》が曹操にとって政治・軍事面を支えた都であることに対し、後漢の都である洛陽の重要性は低下する。しかし、洛陽は、魏の建国後に太極殿《たいきょくでん》が建造されて都としての威容を備え、北魏《ほくぎ》の洛陽城まで続く都城の基礎を築いたことを明らかにする。髙橋康浩「人材登用にどんな特徴があるのか？」は、他人に仕えていた者、素行が悪い者、性格に難がある者にも唯才《ゆいさい》主義を掲げ、才能を認めれば積極的に登用した曹操のもとには、荀彧《じゅんいく》をはじめとする多士多才な人材が集まった。そうした唯才主義への陳羣《ちんぐん》ら儒教官僚側からの反撃が、九品中正《きゅうひんちゅうせい》制度であったとする。長谷川隆一「どのような異民族政策をとっていたのか？」は、曹操の異民族政策が、「西北の列将」のうち、異民族の殲滅《せんめつ》を目指した段熲《だんけい》ではなく、融和を目指した張奐《ちょうかん》に近似すると指摘する。渡邉将智「後継者に望んだのは曹丕《そうひ》か曹植《そうち》か？」は、曹丕・曹植を支えるそれぞれの政治基盤について、前者は魏公国の官僚を中心に後漢の中央政府や丞相《じょうしょう》府にも及び、後者は丞相府の幕僚たちであったとする。

第三章「経済・文化面でどんな功績があったのか？」では、曹操の文学宣揚から経済政策、そして料理本『魏武四時食制』までを扱う。

渡邉義浩「なぜ、文学を重視したのか？」は、曹操の文学宣揚が、名士の価値基準の中心に置かれた儒教を相対化したことを指摘する。伊藤涼「屯田制はなぜ成功したのか？」は、後漢末の非常事態に施行された屯田制《とんでんせい》が、食糧収入の安定化とともに、魏の建国時には不要となっていたとする。柿沼陽平「時代の変革期に採用した税制改策の中身とは？」は、曹操が銭納人頭税から戸単位布帛《ふはく》納税へと変更したことが、布帛の重要性を高め、唐の租庸調制につながる税制史上の転換点になったという。石井仁「なぜ、料理本『魏武四時食制』を著したのか？」は、曹操がエリート教育のなかで本草学《ほんぞうがく》を修め、民間の医療と食糧事情をよく理解し、それが覇権の一因となったとする。

本書は、曹操の「奸」とは、その変革のための先進的な価値観を理解できる者が不在のための呼称と考え、その「奸」の真の姿に迫ろうとするものである。

渡邉義浩

目次

2 「覇者」たらしめた政治力と軍事力の源泉とは？

3　経済・文化面でどんな功績があったのか?

装丁：黒岩二三〔Fomalhaut〕

曹操一族のおもな系図

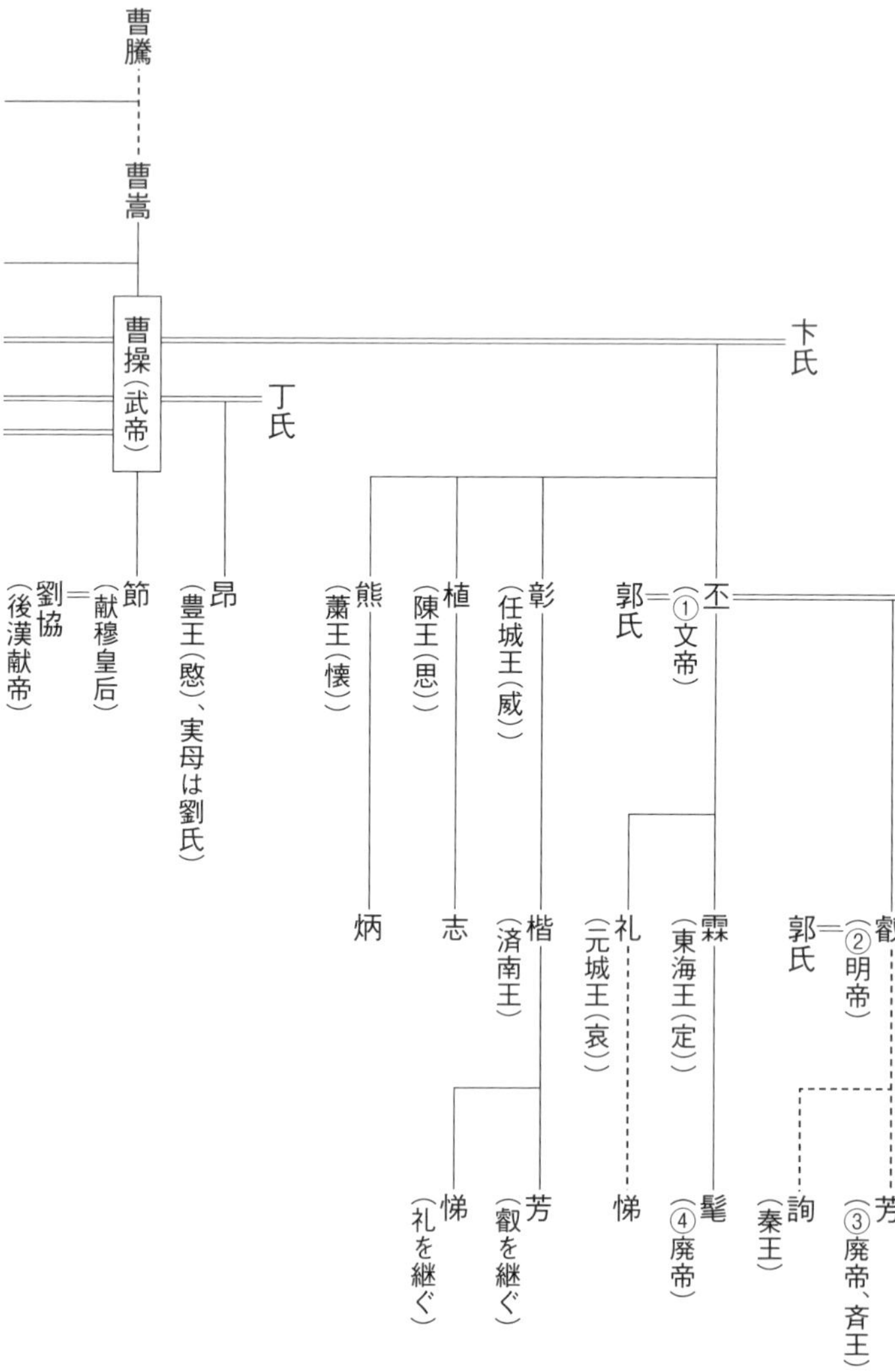
卞氏
丁氏
曹騰
曹嵩
曹操（武帝）
甄氏
丕（①文帝）
郭氏
彰（任城王（威））
植（陳王（思））
熊（蕭王（懐））
昂（豊王（愍）、実母は劉氏）
節（献穆皇后）
劉協（後漢献帝）
毛氏
叡（②明帝）
郭氏
霖（東海王（定））
礼（元城王（哀））
楷（済南王）
志
炳
芳（③廃帝、斉王）
詢（秦王）
髦（④廃帝）
悌
芳（叡を継ぐ）
悌（礼を継ぐ）

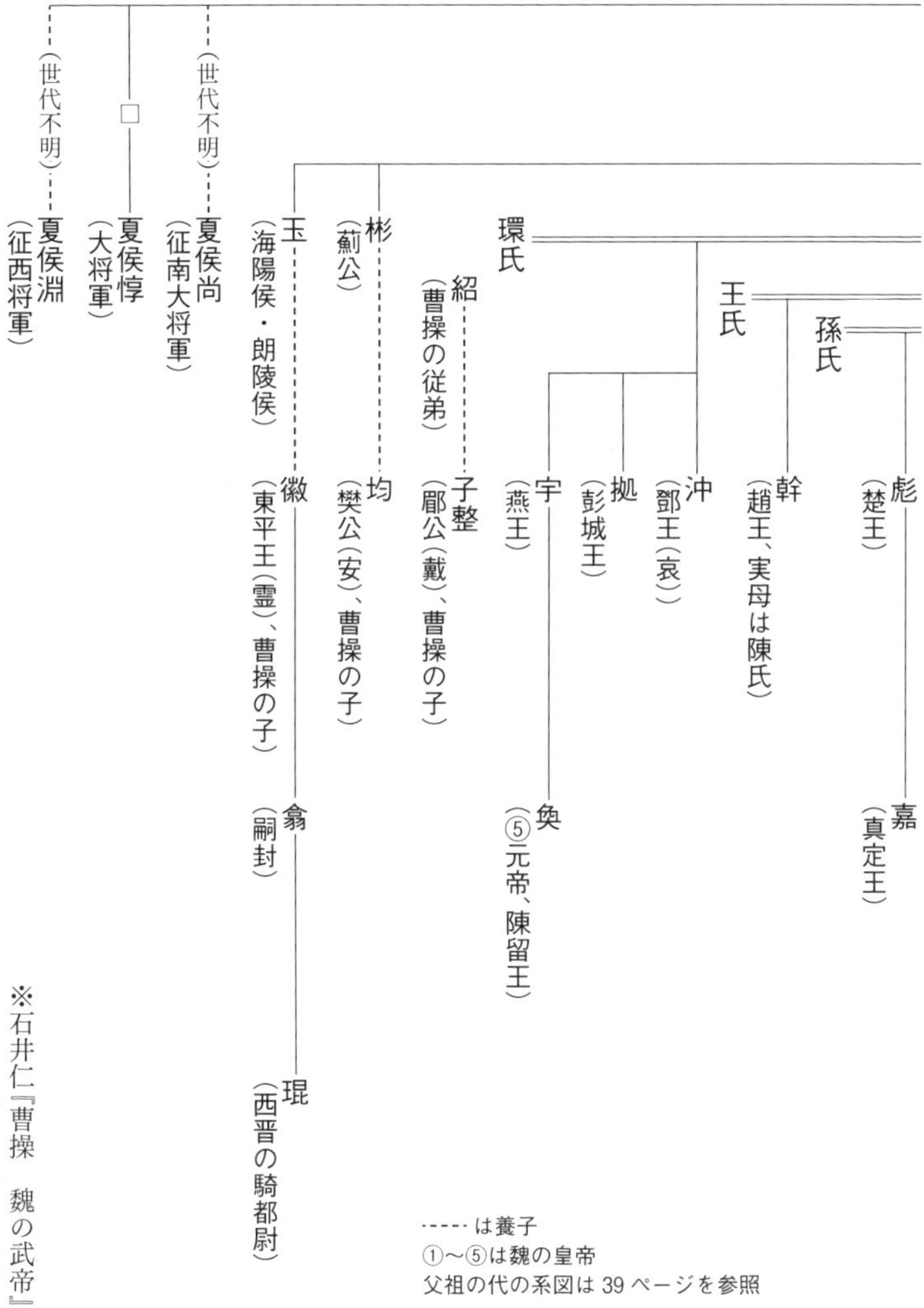

※石井仁『曹操　魏の武帝』などを参考に作成

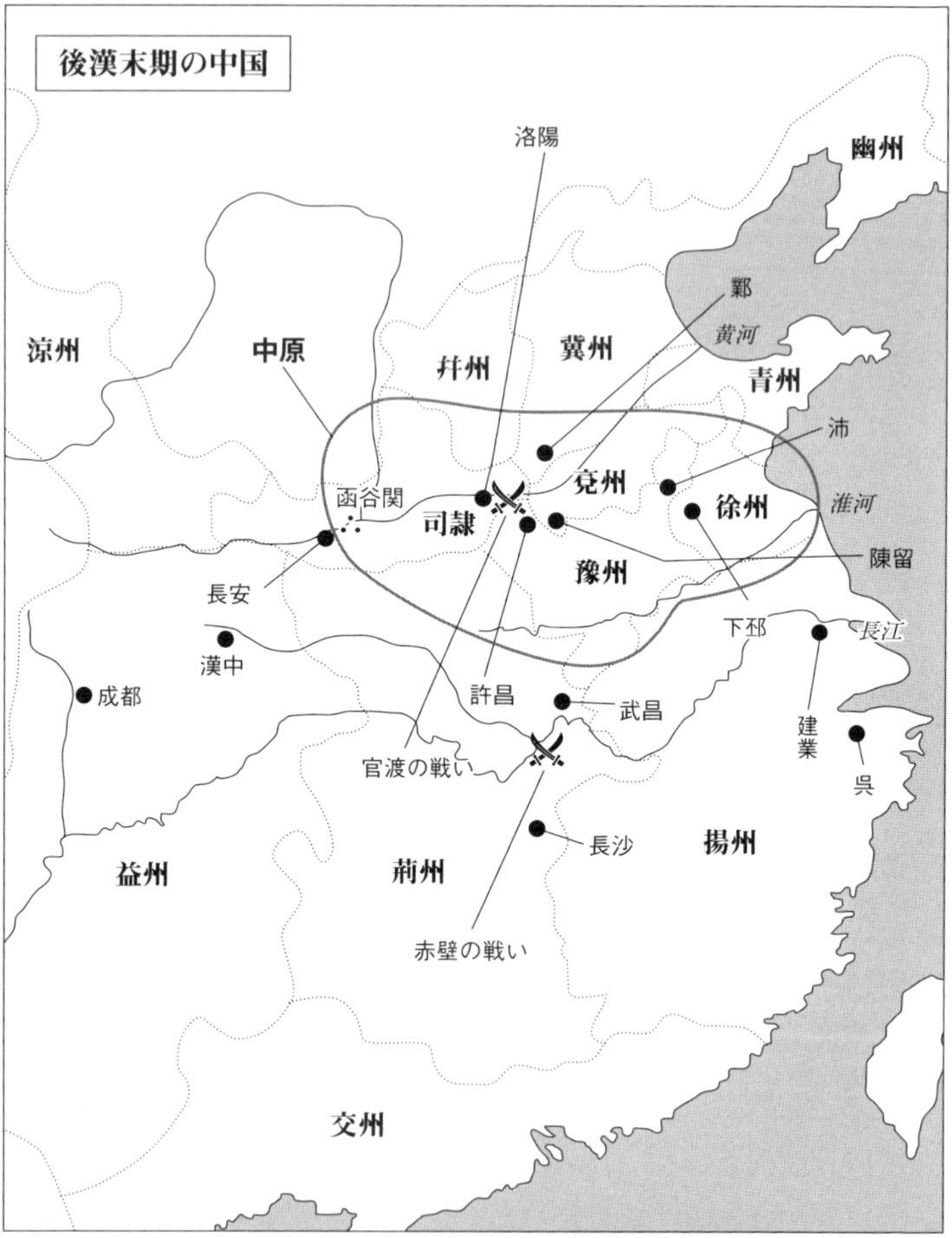

＊司隷：長安・洛陽およびその一帯の行政区域。司隷校尉が管轄した。

1

歴史のなかで曹操像はどう語られてきたのか？

『三国志演義』と「正史」の曹操像はどこが違うのか?

仙石知子

曹操を
理解するための
キーワード
1

三国志

歴代の正統国家を記録した「正史」の一つとして編まれた『三国志』は、後世に長編歴史小説『三国志演義』へと翻案され、現代まで読み継がれてきた。しかし「英雄」から「悪役」へと曹操の評価はまったく異なる。中国で最も広く読み継がれてきた底本を題材に、悪役となった背景を探る。

『三国志演義』の成立と展開

三国《さんごく》時代の歴史を記録した陳寿《ちんじゅ》の『三国志』は、曹操《そうそう》を「非常の人」と評し、その英雄像

1 歴史のなかで曹操像はどう語られてきたのか?

『三国志演義』と「正史」の曹操像はどこが違うのか?

を記した。これに対して、小説『三国志演義《さんごくしえんぎ》』の曹操は、一貫して悪役として描かれる。『三国志』に注をつけた裴松之《はいしょうし》が多くの逸文を集める方法をとったことで、曹操像は、陳寿のそれだけではなく、時代を追うごとにさまざまな物語が生み出されていった。南宋《なんそう》(一一二七〜一二七九年)では、「説三分《せつさんぶん》」と呼ばれる三国時代に題材をとる物語が語られ、元《げん》(一二七一〜一三六八年)では、『三国志平話《へいわ》』という、上に挿絵《さしえ》が入り、下に物語が描かれる本も成立した。

こうした三国の物語をまとめた羅貫中《らかんちゅう》の『三国志演義』は、多くの種類の本が残るが、明《みん》の嘉靖《かせい》年間(一五二二〜六六年)に刊行された『三国志通俗演義《つうぞくえんぎ》』が最古の版本である。明末清初《しん》には、江南《こうなん》(長江《ちょうこう》の南岸地域)を中心に出版業が盛んとなり、さまざまな書き換えが行われた『三国志演義』が多く刊行された。なかでも、とくによく読まれたものは、明末の著名な思想家である李卓吾《りたくご》に仮託した評《ひょう》(物語を読むための指南)をもつ『李卓吾先生批評《りたくごせんせいひひょう》三国志』(以下、李卓吾本)であった。清代になると、毛綸《もうりん》・毛宗崗《もうそうこう》親子が、李卓吾本を底本にさらに物語を書き換え、自らの評を加えた毛宗崗批評《もうそうこうひひょう》『三国志演義』(以下、毛宗崗本)を出版する。日本で江戸時代に湖南文山《こなんぶんざん》が『通俗《つうぞく》三国志』として翻訳した際の底本は李卓吾本であったが、やがて清では毛宗崗本が通行本となり、現在の中国でも広く読まれているのは、毛宗崗本である。

毛宗崗本の特徴は、「三絶《さんぜつ》」（絶は「極み」の意）を物語の主人公とし、彼らの人物像を明確に描くことにある。「三絶」とは、「義《ぎ》」絶の関羽《かんう》・「智《ち》」絶の諸葛亮《しょかつりょう》・「奸《かん》」絶の曹操である。また、毛宗崗本は、清代の社会通念を利用して、たとえば女性の描写にまで手を加えており、当時の読者が納得のいく描写に書き換えられている。

それでは、曹操は毛宗崗本において、どのようにその「奸」絶ぶりが強調されているのであろうか。

奸「雄」から奸「絶」へ——呂伯奢殺害事件、その描写の変遷

曹操を「奸」とするものは、毛宗崗本だけではない。史実において、曹操は人物批評家の許劭《きょしょう》より「治世の能臣《のうしん》、乱世の奸雄《かんゆう》」という評価を受けている（『三国志』巻一・武帝紀《ぶていき》の注に引く孫盛《そんせい》『異同雑語《いどうざつご》』）。許劭の言葉を『後漢書《ごかんじょ》』は「乱世の英雄」と伝えるが、英雄という評語では、曹操の異才を表現しきれない。異才は一般の人びとには、なかなか理解しにくい。大多数の人からは、曹操は「奸」であるが「雄」、すなわち、やり方は間違っているのにその勢力は無視できない、と見られるであろうことから、許劭は、それを「奸雄」と表現したのであろう。

1 歴史のなかで曹操像はどう語られてきたのか?

『三国志演義』と「正史」の曹操像はどこが違うのか?

『三国志演義』のなかで曹操の悪評を象徴する呂伯奢殺害の場面（清水市次郎和解『絵本通俗三国志』より。国立国会図書館蔵）

そうした「奸雄」ぶりを曹操が自ら述べている場面がある。これも毛宗崗本だけではなく、『三国志』の注に記されている。呂伯奢《りょはくしゃ》殺害事件である。

魏《ぎ》を正統とする『三国志』が諱《い》んで（憚《はばか》って）伝えなかった呂伯奢殺害事件について、裴松之の注に引用された同じく魏を正統とする王沈《おうしん》の『魏書《ぎしょ》』は、呂伯奢の子どもたちが食客《しょっかく》とグルになって曹操を脅《おびや》かし、馬と持ち物を奪おうとしたため、曹操がこれを殺害したと記す。『魏書』は、曹操には「非」はないとして、曹魏の正統を守ろうとした。これに対して、

『三国志演義』で初め中牟県の県令として登場する陳宮。洛陽から逃げてきた曹操を捕らえるが（絵の場面）、曹操の志に感銘を受け共に逃亡する。その途次で呂伯奢殺害事件が起こる（葛飾戴斗画『絵本通俗三国志』より。国立国会図書館蔵）

西晋《せいしん》の郭頒《かくはん》が著した『魏晋世語《ぎしんせご》』は、曹操が疑いから八人を殺害したとする。非は曹操にあるとするのである。そして、東晋《とうしん》の孫盛《そんせい》が著した『雑記《ざっき》』は、曹操が殺害後に、「われが人に背《そむ》こうとも、人をわれに背かせることはない」と述べたと伝える。誰がその言葉を聞いていたのか、という問題を考えれば、裴松之も述べるように、『魏晋世語』という本の信頼性は低いことが明らかである。それでも、「奸雄」としての曹操像が、次第に形成されていくことはわかる。

『三国志演義』は、董卓《とうたく》の暗殺に失敗した曹操の逃亡に同行者として陳宮《ちんきゅう》を加える。二人は曹操の父曹嵩《そうすう》と義兄弟の契《ちぎ》りを結んだ呂伯奢に宿を借りる。酒を買いに出た呂伯奢の留守に、豚を調理するために使用人が刃物を研ぐ音を耳にして、曹操は自分たちを殺すのだと誤解し、家人たちを皆殺しにする。さらに酒を買って戻ってきた呂伯奢をも殺害する。陳宮は、「呂伯奢の家の者たちを誤って殺したことはともかく、故意に呂伯奢を殺害することは不義である」と曹操に詰め寄る。そして、曹操の言葉を『雑記』に基づきながらも「天下」を加えて、「われが天下の人に背こうとも、天下の人をわれに背かせることはない」と書き換える。これにより、これから天下を取っていく曹操は、人を騙《だま》してでも自分に背かせないようにする「奸絶」(奸の極み)であることを印象づけるのである。

そのうえで毛宗崗本は、次のように評をつけている。「曹操はこれまでいい人のふりをしてきたが、ここで忽然《こつぜん》と奸雄の性格を現した」。「奸雄」という言葉を用いられながらも、ここから曹操は「奸」絶として描かれていく。そして曹操は、「義」絶の関羽・「智」絶の諸葛亮を率いる「仁」の人である劉備《りゅうび》を奸雄として圧倒しながら、やがて天下の覇権を握る。曹操が死去するにあたり、毛宗崗本は次のような場面を描き、評において曹操の一生を総括する。

「評」から読み解く毛宗崗本の意図

毛宗崗本は、曹操の遺言を『三国志』武帝紀に記される王者としての風格あふれるものから、西晋の陸機《りくき》が著した「魏武帝を弔《とむら》ふ文」に基づき、次のように書き換えている。

「わしは天下を駆けめぐり三十余年もの間、群雄たちを滅ぼしてきたが、いまだ江東《こうとう》(長江の中下流域)の孫権《そんけん》、西蜀《せいしょく》の劉備だけは滅ぼしていない。だがわしの病《やまい》は回復の見込みがないので、そなたたちと話をするのもこれが最後になるだろうから、今日はとくに家のことを頼んでおこうと思う。【ただ家のことだけを言い、国の事は言わないとは、ずる賢い。】わしの長子曹昂《そうこう》は、劉氏が産んだ子どもだが、不幸にも早くに宛城《えんじょう》で死んだ。【また前のことを持ち出そうと言うのか。】今は卞《べん》氏の産んだ四人の息子、丕《ひ》・彰《しょう》・植《ち》・熊《ゆう》がいる。わしはかねてから三男の植を可愛《かわい》がってきたが、浮《うわ》ついたところがあり誠実さに欠け、酒を飲んで勝手な行いをするので、後を嗣がせるわけにはいかない。次男の曹彰は、勇敢であるが無謀なところがある。四男の曹熊は、体が弱く無理であろう。ただ長男の曹丕だけが、温厚篤実な性格であるから、わしの後を嗣がせてもよいであろう。よく輔佐《ほさ》してやってほしい。」ただ曹丕に自分の後を嗣がせることだけ言い、【禅《ぜん》譲《じょう》（天子《てんし》が徳のある人に位を譲ること）のことは言わないとは、狡猾《こうかつ》の極みである。】曹《そう》洪《こう》らは涙を流して曹操の命令を聞き、その場を離れた。曹操は近くに控えていた者に平素所蔵していた名香を持ってこさせると、侍妾《じしょう》たちに分け与えた。そして、「わしが死んだ後、おまえたちは真面目に針仕事を習い、絹の靴を作って、それを売ってその金で暮らしていくがよい」と言った。【曹操が、ただ男女の情に溺《おぼ》れ、英雄の気質が尽きているということなのかもしれない。】また妾たちの多くを銅雀台《どうじゃくだい》に住まわせ、毎日祭壇を準備して、女伎《じょぎ》に演奏させて供物を捧げるように言い渡した。【劉表《りゅうひょう》の妻は鬼《き》（幽霊になった前妻の陳《ちん》氏）を嫉妬《しっと》して、鬼（の陳氏）が鬼（になった劉表）を喜ばせることを恐れた。いま曹操の遺命はまた（生きている）人によって鬼（となる自分）を喜ばせようとするものである。】また彰徳府講武城《しょうとくふこうぶじょう》の外に、偽《にせ》の墓を七十二造り、自分が埋葬されている場所を後人に知られないようにせよとも遺言した。これは人に墓を掘り返されることを恐れたからである。【このようにして防ごうとしても、甚《はなは》だ辛《つら》いだけだ。もし後人が七十二箇所の墓をすべて掘り返したら、もともこもない。】言い終わると、長い溜め息をつき、涙を雨のように流した。しばらくすると、曹操は息絶えて死んだ。（傍線は筆者による）

【 】の部分が毛宗崗本の評である。評には、このように本文の合間に入れて、読み方や自分の意見をその場で伝えるものと、次に掲げるような総評《そうひょう》として各回の初めに自分の思いを総括するものとがある。劉表の妻の部分のように、評には難しい部分もあり、なかなか読みにくいが、評を読むことで、毛宗崗本の表現の意図をつかむことができるのである。

ここで毛宗崗本は、陸機の「魏武帝を弔ふ文」では「夫人」となっていた香《こう》を分ける相手を「侍妾」に改めている。これは大きな意味をもつ。

「夫人」すなわち妻であれば、清代では名香などの財産を分与されることは珍しくなく、自然な行為でもあった。これに対して、主人の死後、財産を分与される権利がない「侍妾」、すなわち妾《めかけ》に対する分与となれば、曹操の「分香」は、清代では残された妾たちに向けた愛情表現となる。財産継承権のない不安定な立場にあった妾に対する遺贈《いぞう》行為は、愛情によって行われるという点で、正規の財産継承権を有していた妻に対する場合よりも、善行として受け取られる。そのような明清時代の社会通念を毛宗崗本は利用し、「悪役」曹操の「偽」をこの「分香売履《ぶんこうばいり》」の場面において表現する。それにより、曹操が死の直前まで、天下の人を偽り続けたとしているのである。

曹操の一生を「偽り」と総括

そのうえで、毛宗崗本は、次のような総評をつけている。

ある人は曹操の分香売履の令を見て、（曹操は）平生は奸偽《かんぎ》の人だったのに、死に及んで真情を見せたと思うかもしれない。（しかしそのような見方は）これが曹操の真情ではなく、意外にも曹操の偽りだということに気がついていないものなのだ。死に及んで真を見せたのではなく、死に及んでもなお偽りを見せたのである。臨終の遺命においては、禅譲よりも大事なことはない。それなのに家の者や婢妾《ひしょう》の身のふり方については詳しく言い渡しながら、禅譲のことは何一つ口にせず、後世の人びとに、自分は国を簒奪《さんだつ》する心がないのだと信じ込ませ、子孫は悪名を蒙《こうむ》るけれども、自分はそうならないように避けようとしたのであり、これは自らを周《しゅう》の文王《ぶんおう》にしようとしたためである。（周の文王は殷《いん》を奪う意志がないため、武王《ぶおう》に禅譲を言い残さなかったが、曹操は漢《かん》を簒奪する意志がありながら、表面的に周の文王を気取ったのである）その意図は後世の天下の人びとをすべて欺《あざむ》こうとすることにあり、後世の無知な人びとは、このためついに騙されることにな

『三国志演義』は、曹操の病死の原因を直前に戦死した関羽の呪いとして描く。絵は、呪いに悩む曹操が、新たな宮殿を建設しようと梨の樹を切ろうとしたところ、現れた梨の神に頭を殴られた場面。その後、曹操は頭痛が生じてそのまま死去する（葛飾戴斗画『絵本通俗三国志』より。国立国会図書館蔵）

ったのである。曹操は誠に奸雄の最たるものである。曹操の生涯には真実などなく、死に及んでもなお偽りであったことは、（禅譲を隠すために言い遺した）分香売履がまさにそれである。（傍線は筆者による）

毛宗崗本では、曹操が死に臨んで「侍妾」たちに名香を分け、履《くつ》を売って生活するよう命じたこと自体について、原作者の陸機のように女々《めめ》しい行為とはとらえられていない。臨終の遺命として、これ以上大事なことはない禅譲の意図を隠すために「分香売履」を述べたことを「偽」である、と表現しているのである。

毛宗崗本が書かれた清代では、禅譲は北宋《ほくそう》を最後に行われなくなってすでに久しかった。また、清代において漢は、鄭玄《じょうげん》に代表される経学《けいがく》が盛んな尊重すべき古典国家でもあった。当時の読者は、漢を滅ぼすための禅譲の準備を一方で行いながら、それを表に出そうとはせず、「分香売履」について述べて、ごまかそうとする曹操の姿を毛宗崗本が描いた際、それを曹操の「偽」を象徴する事柄であるととらえることができた。

そして、毛宗崗本は曹操の一生を次のように総括する。

臨終になって真実がなく、死後もなお偽りであったことは、七十二の偽の墓を造ったことがまさにそれである。生きている曹操が人を欺くのは不思議ではないが、死んだ曹操が人を欺くのは不思議である。一人の偽曹操が人を欺くのは大して不思議なことではないが、無数の偽曹操が人を欺くのはさらに不思議なことである。曹操の死は、偽と真を混乱させ、無数の偽曹操を生み出そうとしたことにより、そのなかにかえって一人の真の曹操が立ち現れてきたのである。曹操の人生には、偽りがあって真実がなく、人は(禅譲を分香売履で欺こうとした)ただ一人の偽りの曹操を見られるだけで、一人の真の曹操を確認するところまでに至らなかった。ただ死んだ曹操が偽りなだけではなく、生きていた曹操もまた偽りであった、ただ偽りの曹操が偽りだっただけでなく、真の曹操もまた（自らの目的を隠す）偽りの存在であったのであり、その一生は死により幻となったのである。

呂伯奢殺害事件の際、毛宗崗本は、「われが天下の人に背こうとも、天下の人をわれに背かせることはない」と曹操に述べさせて、曹操が天下の人びとをすべて欺いてでも自分に背かせないようにする「奸絶」（奸の極み）であると印象づけていた。それが臨終に及んでもなお続いていることを毛宗崗本は確認しているのである。

なぜ「雄」を残したのか

このように毛宗崗本は、曹操を「奸」絶として描き出した。ただ、いま掲げた文章のなかでも、曹操を「奸雄」といっているものがあったように、毛宗崗本は曹操の「雄」の部分を完全に削除することはなかった。評のなかには、毛宗崗本が「奸雄　愛す可《べ》し」と述べているものもある。すなわち、許劭が表現した「奸雄」の「雄」、あるいは陳寿が描いた「非常の人」、すなわち英雄として曹操をとらえる部分を毛宗崗本はすべて消し去ったわけではないのである。

毛宗崗本は、なぜ三絶をすべて善玉にせずに、「奸」絶という悪玉を入れたのか。悪のなかにある英雄性の尊重なのか。少なくとも、毛宗崗本が曹操の「雄」を残したことが、曹操を英雄として見る今日の三国志受容の原因の一つになったとはいえよう。

曹操の出自はほんとうに卑しいのか？

石井　仁

曹操を理解するためのキーワード
2

沛国曹氏

宦官であった祖父、身元不詳で異姓の養子である父。儒教を重んじた漢の家族制度から、曹操の出自である沛国曹氏には常に卑賤というイメージがもたれていた。しかし、曹氏の他の家系や宗族墓の出土品、漢の宦官たちの出自を検証していくと、曹氏の家格を見直す必要が出てくる。

儒教の否定する条件がそろった家門

曹操《そうそう》（一五五～二二〇）は沛《はい》国譙《しょう》県（現在の安徽《あんき》省亳州《はくしゅう》市）の人で、祖父の曹騰《そうとう》（?～一六〇ごろ）は中常侍《ちゅうじょうじ》（宦官《かんがん》の侍従職）、大長秋《だいちょうしゅう》（皇后の侍従長。準国務大臣）などを歴任し、費亭侯《ひていこう》に封ぜられ、宦官として位をきわめた。父の曹嵩《そうすう》（?～一九三ごろ）は夏侯《かこう》氏に生まれるが、曹騰の養子になり、太尉《たいい》（三公《さんこう》の一つ。宰相職）に昇った。曹操の出自が卑賤《ひせん》であるのは、衆目の一致するところであった。たとえば、『三国志《さんごくし》』袁紹伝《えんしょうでん》・裴松之《はいしょうし》注に引く『魏氏春秋《ぎししゅんじゅう》』には、官渡《かんと》の戦いの直前、袁紹《えんしょう》が発した檄文《げきぶん》が載せられている。

司空《しくう》曹操の祖父曹騰は、故の中常侍であり、左悺《さわん》・徐璜《じょこう》ら（桓帝《かんてい》の側近となって梁冀《りょうき》を失脚させ、「五侯《ごこう》」と称される）と一緒に災いをおこし、饕餮《とうてつ》（神話の怪物。四凶の一つとも）のごとく悪事をほしいままにし、教化を損ない人びとを虐《しいた》げた。父の曹嵩は、生まれの定かでない乞食が連れてこられて養子となり、賄賂《わいろ》で官位を買い、金銀財宝を輿《こし》に載せて、権門《けんもん》（権勢のある高官）に贈り、鼎司《ていし》（三公の雅名）の位を盗み、尊い役職を傾けた。曹操は宦官の入り婿の醜悪な落とし児で、もとより徳行はなく、狡猾《こうかつ》で利を見れば真っ先に駆け出し、戦乱を好み災禍《さいか》を願う輩《やから》である（司空曹操、祖父騰、故中常侍、与左悺・徐璜並作妖孽、饕餮放横、傷化虐人。父嵩、乞匄攜養、因臧買位、輿金輦宝、輸貨権門、窃盗鼎司、傾覆重器。操贅閹『後漢書』袁紹伝上は「贅閹」に作る。現代語訳はこれに従う〕遺醜、本無令徳、僄狡鋒俠、好乱楽禍）。

曹騰は順帝《じゅんてい》の寵臣《ちょうしん》であり、かつ外戚《がいせき》の梁《りょう》氏一族と結んで政治を壟断《ろうだん》した。さらに、桓帝擁立の際（一四六年）には、有力な候補であった清河王《せいがおう》劉蒜《りゅうさん》、これを支持する太尉の李固《りこ》、大鴻臚《だいこうろ》（九卿の一つ。藩属国の事を担当する）の杜喬《ときょう》らを追いおとした。一方、父の曹嵩は異姓養子であり、太尉に就任する際には、当時行われていた売官制度にのっとり、西園《せいえん》（後漢末、朝廷が置かれていた洛陽西郊の離宮）に銭を納め（助軍修宮銭）、また各所に賄賂をばらまき、しめて一億銭の大金を費やしたとされる。

このように、曹操の一族には、宦官、異姓養子、そしてカネといった、儒教が否定する条件がそろっていた。つまるところ、子どもを宦官に仕立てたり、身元の知れない異姓の養子を迎えたりするような一家は、民と利を争わず、清廉潔白な生活を追求する儒教的な価値観を重んじた士大夫《したいふ》の名門であるはずがない。曹操、およびその家門に対するネガティブな評価は、このような先入観によって成り立っている。

豪族や名門士大夫からも宦官は出ていた

かつて筆者も、宦官を出すような家は豪族、名門の士大夫であるはずがないと考え、曾祖父の曹節《そうせつ》を「たいして経済力のない小農民」と論じた（拙著『曹操　魏の武帝』新人物往来社、二〇〇〇年）。しかし、後漢《ごかん》の宦官に豪族ないし士大夫の出身者が少なからず含まれていたことを理解するにつれ、曹操ないし宦官の出自に関する定説に疑念をいだくようになった。たとえば、曹騰と同時期の宦官、中常侍の樊安《はんあん》（一〇三～一五八）は「南陽湖陽《なんようこよう》の人」、後漢の初代皇帝光武帝《こうぶてい》の母方の祖父樊重《はんちょう》の一門である（『隷釈《れいしゃく》』所収「樊安碑」）。南陽の樊氏といえば、荘園の経営で巨万の富を築いた著名な大豪族、もしくは士大夫の名門である（『後漢《ごかん》書《じょ》』樊宏伝《はんこうでん》）。同じく中常侍の曹節（南陽新野《しんや》の人、？～一八一）は「世々吏二千石《にせんせき》」――二千石すなわち郡太守《ぐんたいしゅ》・国相《こくしょう》クラスの高級官僚を代々輩出する名門、と明記されている（『後漢書』宦者伝《かんじゃでん》）。

新野の曹氏は南朝《なんちょう》に至るまで貴族の地位を保っている。曹景宗《そうけいそう》（四五七～五〇八）は梁《りょう》の武帝《ぶてい》（蕭衍《しょうえん》、在位五〇二～五四九）に仕え、郢《えい》州刺史《しし》、領軍将軍《りょうぐんしょうぐん》などの要職に就き、竟陵県《きょうりょうけん》公《こう》に封ぜられ、死後、開府儀同三司《かいふぎどうさんし》（一品官）を追贈される。弟の義宗《ぎそう》は巨額の持参金に目がくらみ、商人の妹を妻に迎えた。これを知った景宗は弟を責める、「金を出しても得られるとは限らないものを、なぜ売ってしまったのか（買猶未得、云何已売）」と。その後、曹義宗も高位高官を歴任し、妻の兄弟たちは官位を手に入れた。新野の曹氏は「豪彊《ごうきょう》の門」とみなされていたのである（『南史《なんし》』曹景宗伝）。後漢の宦官は豪族、士大夫の名門からも出ていたことがわかる。このような観点から、曹操、ないし沛国曹氏の出自を再構成することはできないだろうか。

『水経注』に記される曹騰・曹嵩および曹騰の兄親子の墓

曹騰は四人兄弟の末っ子で字《あざな》を「季興《きこう》」といい、長兄は「伯興《はくこう》」、次兄は「仲興《ちゅうこう》」、三兄は「叔興《しゅくこう》」といった（『三国志』武帝紀の注に引く司馬彪《しばひょう》『続漢書《ぞくかんじょ》』）。北魏《ほくぎ》の地理書『水経注《すいけいちゅう》』陰《いん》溝水《こうすい》に、

> 譙県城《しょうけんじょう》の南に曹嵩の塚があり、廟堂《びょうどう》の廃墟が残る。廟の北に二つの石闕《せっけつ》（石造りのアーチ）がある。……石闕の北に圭碑《けいひ》があり、「漢故中常侍・長楽太僕《ちょうらくたいぼく》・特進・費亭侯曹君之碑」と題され、延熹《えんき》三（一六〇）年に建立されたものである。……曹騰の兄の塚があ

る。塚の東側に石碑があり、「漢故潁川《えいせん》太守曹君墓」と題され、延熹九（一六六）年に死去したとある。……墳丘の北側にその長子曹熾《そうし》の塚がある。塚の東側に石碑があり、「漢故長水校尉《ちょうすいこうい》曹君之碑」と題され、太中大夫《たいちゅうたいふ》、司馬《しば》、長史《ちょうし》、侍中《じちゅう》を歴任したのち、長水校尉に昇進し、三十九歳で亡くなり、熹平《きへい》六（一七七）年に碑が造られたとある。曹熾の弟曹胤《そういん》の塚がある。塚の東側に石碑があり、「漢謁者《えっしゃ》曹君之碑」と題され、熹平六年に立てられたとある（城南有曹嵩冢、冢北有碑、碑北有廟堂、余基尚存、柱礎仍在。廟北有二石闕、……闕北有圭碑、題云漢故中常侍・長樂太僕・特進・費亭侯曹君之碑、延熹三年立。……有騰兄冢、冢東有碑、題云漢故潁川太守曹君墓、延熹九年卒。……墳北有其元子熾冢、冢東有碑、題云漢故長水校尉曹君之碑、歴太中大夫、司馬、長史、侍中、遷長水、年三十九卒、熹平六年造。熾弟胤冢、冢東有碑、題云漢謁者曹君之碑、熹平六年立）。

とあるように、五世紀末ないし六世紀初めごろ、譙県城（現在の安徽省亳州市）の南郊に行くと、五基の巨大な古墳を見ることができた。墓主は曹操の関係者——祖父の曹騰、父の曹嵩、曹騰の兄（名は不明）、その子曹熾、曹熾の弟曹胤である。墓碑には極官《きょくかん》（ある官僚が到達した最高位）が刻まれていたが、曹騰の兄は「潁川太守」、曹熾は「長水校尉（親衛隊の北軍を指揮する五校尉の一つ。長水胡騎、および烏桓騎を統率する）」、曹胤は「謁者（謁者台の属官。朝廷における儀式の進行などを担当する）」であった。

曹仁および曹洪・曹休の家系

『三国志』曹仁伝《そうじんでん》の注に引く王沈《おうちん》の『魏書《ぎしょ》』には、曹仁（一六八〜二二三）の「祖の褒《ほう》」は「潁川太守」、「父の熾」は「侍中、長水校尉」を歴任したと記されている。『水経注』に見える曹熾は曹仁の父、曹騰の兄は祖父の曹褒であることがわかる。ただし、曹褒が伯興、仲興、叔興の誰にあたるのかは不明である。一方、曹胤は『三国志』などの文献史料にはまったく現れない。

ところが、一九七〇年代、亳州市郊外にある曹氏一族の墓地が発掘され、文字が刻まれた大量の墓磚《ぼせん》（地下の墓室を建設するために使用されたレンガ）が出土した。その一つ「元宝坑《げんぽうこう》一号墓」は、長さ一三・一二メートル、幅八・七四メートルの巨大な磚室墓で、同時期に調査された曹騰・曹嵩の墓との位置関係（『水経注』の記事による）から、曹胤の墓と推測されている。一九七五年に発掘調査が行われ、象牙製品・玉《ぎょく》製品・銅製品のほか、多くの文字磚が出土した。「会稽《かいけい》曹君」「会稽明府早棄春秋不竟世」「潁川曹褒」「長水校尉曹熾字元盛」などの文字が確認されている。曹胤は「会稽太守」に任官するが、「早に春秋を棄て世を竟《お》え

1 歴史のなかで曹操像はどう語られてきたのか？

曹操の出自はほんとうに卑しいのか？

2010年に発見された曹休の墓の発掘調査風景。東西50.6メートル、南北21.1メートル、深さ10.5メートルの磚室墓（河南省洛陽市。©Imagine China/amanaimages）

ず」――まもなく夭折《ようせつ》したことがわかる。

魏の重臣、曹洪《そうこう》（?～二三二）は曹操の「従弟」、および曹休《そうきゅう》（?～二二八）は曹操の「族子《ぞくし》」とされるが、曹氏のどこに位置するのか、『三国志』を含め、既存の文献史料ではまったく見当がつかなかった。

桓帝の初め、「河間相《かかんしょう》の曹鼎」が収賄の罪で弾劾《だんがい》された（『後漢書』党錮伝《とうこでん》）。「中常侍騰の弟」とされるが、誤りがあるのだろう。『三国志』曹洪伝の注に引く『魏書』によれば、曹洪の「伯父の鼎」は尚書令《しょうしょれい》（事実上の行政府だった尚書台の長官職）になると、曹洪を蘄春《きしゅん》県長に任用したとある。また、元宝坑一号墓出土の文字磚に、「呉郡太守曹鼎字景節《けいせつ》」と刻まれたものがある。『三国志』曹休伝の注に引く『魏書』によれば、中平《ちゅうへい》の末年（一八九年ごろ）、曹氏一族は戦乱を予想し、分散して故郷をあとにする。曹休は十代の少年だったが、ちょうど父を亡くし、母とともに長江《ちょうこう》を渡り、呉郡《ご》（現在の江蘇《こうそ》省蘇州市周辺）に避難した。かつて祖父が「呉郡太守」だったことがあり、その縁故を頼ったのである。曹休は呉郡に着くと、太守の宿舎に祖父の肖像画が飾られているのを見て感涙にむせんだとされる。『三国志』は曹休の祖父の名を伝えていないが、上記の文字磚から、曹鼎という答えが導き出される。

曹鼎は曹洪の伯父、曹休の祖父であるから、曹洪は曹休の父の従兄弟だったことになる。曹洪と曹休は同じ家系に属し、曹仁の祖父とは別の曹騰の兄の子孫なのだろう。

曹騰のもう一人の兄の家系

残る一人の曹騰の兄の家系については、まったく手がかりがない。しかし、ヒントがないわけではない。曹操は庶子の何人かを養子に出している。もちろん、直系の男子がなく、断絶した曹氏一族へである。

『三国志』武文世王公伝《ぶぶんのよのおうこうでん》は、曹操および曹丕《そうひ》の庶子の列伝で、曹操の子は長男の曹昂《そうこう》以下、二十一名が立伝されている（正室の卞《べん》皇后が産んだ曹丕は『三国志』文帝紀《ぶんていき》、同母弟の曹彰《そうしょう》・曹《そう》植《ち》・曹熊《そうゆう》は同上・任城陳蕭王伝《じんじょうちんしょうおうでん》)。このうち、曹均《そうきん》(?〜二一九)は「叔父の薊恭公彬《けいきょうこうひん》」、曹《そう》徽《き》(?〜二四二)は「叔父の朗陵哀公玉《ろうりょうあいこうぎょく》」の後を継いだとされる。「哀公」などという諡号《しごう》は夭折、もしくは非業《ひごう》の死を暗示している。曹均と曹徽は、曹嵩とともに徐《じょ》州牧の陶謙《とうけん》に殺された「少子の疾《しつ》」(『後漢書』宦者伝)、あるいは「太祖の弟徳《とく》」(『三国志』武帝紀の注に引く『魏晋世語《ぎしんせいご》』)らの養子だったと推測される(ただし、曹彬と曹玉、曹疾と曹徳が対応するのか否かは即断できない。曹疾と曹徳が同一人物の可能性もあるし、曹疾・曹徳という名もどこか違和感が残る)。

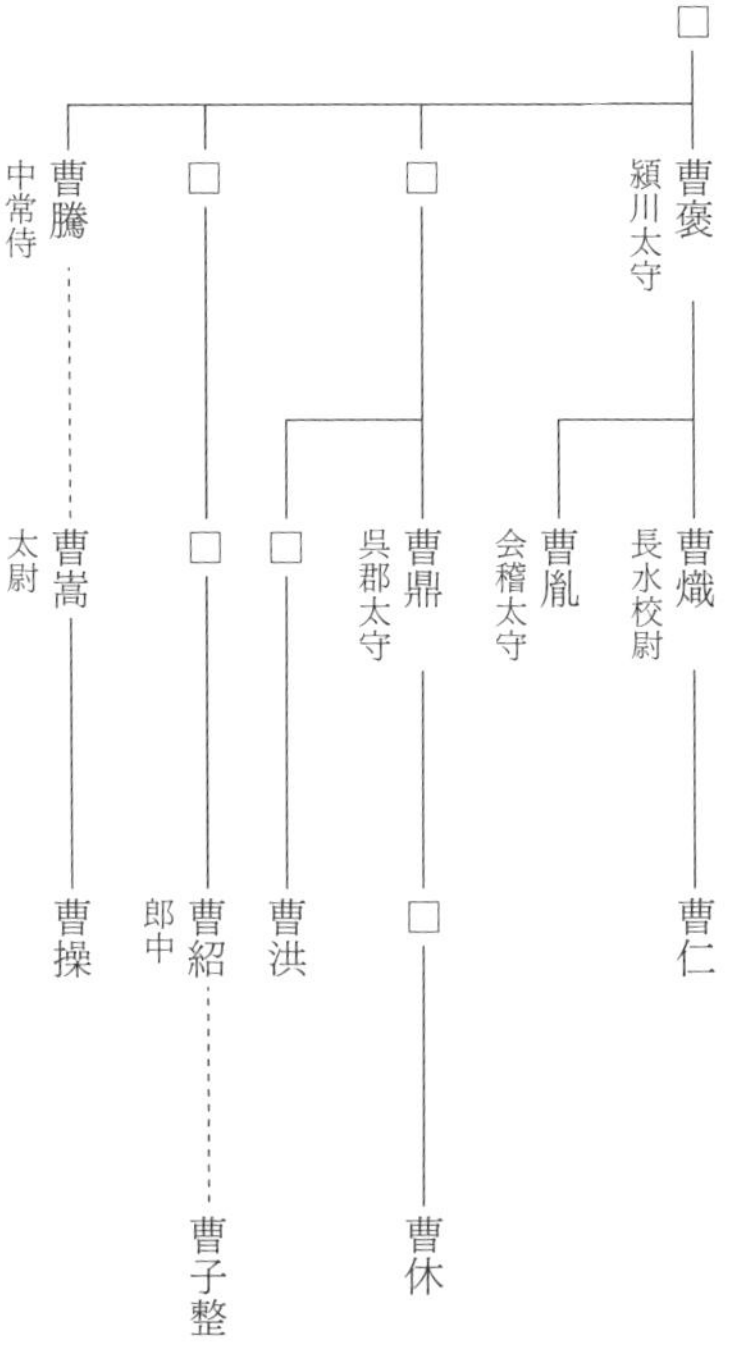

曹騰兄弟の系図(兄弟の順番は便宜上のもの)

もう一人、彼らの兄(もしくは生母の身分が二人よりも高い)曹子整《そうしせい》(?〜二一八)は、「従叔父の郎中紹《ろうちゅうしょう》」の後を継ぎ、鄗侯《びこう》に封ぜられた。曹紹は曹子整の従叔父であるから、曹仁・曹洪らと同世代、曹操の再従弟なのだろう。前漢の武帝以後、儒学(その他の学

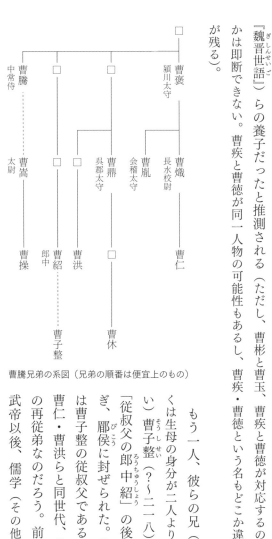

問）を修めた知識人を高級官僚として起用するため、地方官に適任者を推薦させる、いわゆる郷挙里選《きょうきょりせん》の制度が始められる。郡太守・国相によって選抜された候補者は「孝廉《こうれん》」、州刺史によるものは「秀才《しゅうさい》（後漢では光武帝の諱を避け、茂才《もさい》と称す）」という任官資格が与えられた。孝廉・秀才は郷挙里選、ないし官吏登用制度の中心をなした。郎中は郎官の階級の一つである（郎中→侍郎→中郎の順に高くなる）。

郎官の地位は低い（俸禄は比六百石〜比三百石）が、孝廉のほか、六郡良家子《りくぐんりょうかし》（隴西《ろうせい》郡など西北六郡の武門の子弟を選抜）、任子《にんし》（二千石以上の高官の子弟を選抜）、入貲《にゅうし》（穀物六百石、もしくは銭三十万を納めた者を選抜）など、正規のルートで選抜された官僚候補者が最初に任官する、名誉ある官職であった。本来の任務は皇帝の身辺警護、すなわち親衛隊士の職である。しかし、後漢では虎賁《こほん》郎・羽林《うりん》郎など一部を除き、その機能は失われ、官僚の出世コースに組み込まれる。有力者の子弟は郎官に任命されると、ただちに昇進し、より高い官職に転任した。たとえば、曹操は二十歳で（沛国相から）孝廉に推挙され、郎（おそらく郎中）に任官すると、洛陽令（首都の県令。千石）への転出を希望するが、洛陽北部尉（洛陽北部地区の警察署長。四百石）を授けられ、人事担当の梁鵠《りょうこく》に怨みを抱いたとされる（『三国志』武帝紀の注に引く衛恒《えいこう》『四体書勢』序）。これに対して、曹紹の官位は「郎中」であるから、孝廉に推挙され、任官した直後に夭折したのだろう。

曹操、および長子の曹昂は二十歳で孝廉に推挙され、曹操は郎に任官している。曹操が、さほど重要人物とも思えない曹紹の家が断絶することを恐れた理由はただ一つ。彼が曹仁の祖父、曹洪の祖父とは別の、もう一人の曹騰の兄の直系の子孫だったからなのだろう。

曹騰の兄たち以外の曹氏に関する史料

『三国志』曹洪伝には、曹騰の兄の家系ではない、別の家系に属するとおぼしき曹瑜《そうゆ》という人物の簡単な事績が、附伝として掲載されている。曹瑜は曹洪の「族父《ぞくふ》」とされ、衛《えい》将軍に任官し、列侯に封ぜられたとある。しかし、曹瑜が曹操政権ないし魏の政治・軍事に関与した形跡はまったくない。よほど無能な人物だったのだろうが、それにしても、衛将軍という官位は高すぎる（漢六朝《りくちょう》の衛将軍は、大将軍・驃騎《ひょうき》将軍・車騎《しゃき》将軍とともに、三公に準じる、比公の将軍として重んぜられた）。魏の創業期、沛国曹氏の長老として優遇された結果としか考えられない。このほか、漢碑には「太官甘丞《たいかんかんじょう》の曹臻《そうしん》」（『隷釈』所収「楊公《ようこう》碑陰」）、「尚書丞《しょうしょじょう》の曹芝《そうし》（ただし蕭《しょう》県の人）」（同上所収「敦煌《とんこう》長史武斑《ぶはん》碑」）、また、元宝坑一号墓出土の文字磚には「山陽《さんよう》太守の曹勲《そうくん》」「□（欠）郡太守の曹鸞《そうらん》」「譙（県）功曹史《こうそうし》の曹湖《そうこ》」らの名が見える。

まず注目したいのは、「功曹史」という官名である。功曹は郡・県、あるいは司隷《しれい》校尉などの属官で、人事担当の要職である（司隷校尉の場合は功曹従事史という。また、州の人事担当は功曹ではなく、治中《ちちゅう》従事史という）。郡県の長官は朝廷から派遣される中央官僚である。彼らは原則として他地域の出身者であり、任期が終われば、転任する。一方、郡県の属官は現地採用の地方官僚であるが、その多くは地域の豪族である。とくに人事を担当する功曹は、有力な豪族から選抜された。功曹に就任した曹湖という人物は、譙県を代表する豪族だったことになる。また、「敦煌長史武斑碑」の曹芝は沛国「蕭（県）」の人であるが、同姓の家が同じ郡国内の複数県に分布するのも、豪族の特徴である。沛国曹氏が複数の家門から構成され、代々郡県の官吏、さらには中央官を輩出する豪族だったことを示唆している。

宗族墓群の規模や出土品から見えてくる曹氏の家格

現在、曹氏一族の墓地は亳州古城（旧譙県城）の南郊に広く残存し、一九七〇年代の調査によって、約四十基の磚室墓・石室墓が発掘され、銀縷玉衣《ぎんるぎょくい》・銅縷玉衣をはじめとする、多数の副葬品のほか、約三百点の文字磚が出土した。「董園《とうえん》墓群」（曹騰・曹嵩の墓を含む）は市区東南の董園村に位置し、北に「元宝坑墓群」（曹胤の墓を含む）が、南に「劉園《りゅうえん》漢墓」と「袁牌坊《えんはいぼう》墓群」が隣接している。さらに、市区西南の「馬園《ばえん》墓群」は、この地域にある四

曹操家族墓群のひとつ張園漢墓の曹氏の墓。墓主は不明（安徽省亳州市。©beibaoke/PIXTA）

つの墳丘（これにちなみ、「曹四孤堆《そうしこたい》墓群」とも呼ばれる）を中心に広く分布している。これらは「曹氏宗族《そうぞく》墓群」、もしくは「曹操家族墓群」と呼称され、国の重点文物保護単位に指定されている。

　このうち、「董園一号墓」は曹嵩の墓と考えられる。全長一三メートル、幅一〇・四メートル、高さ三・九メートルの壮大な磚室墓であり、墓道《ぼどう》・前室《ぜんしつ》・中室《ちゅうしつ》・後室《こうしつ》、および南北側室からなる。一九七三年に発掘調査が行われ、銀縷玉衣・銅縷玉衣を含む玉製品、陶器類のほか、多くの文字磚・画像磚が出土した。また、「董園二号墓」は曹騰の墓と見られ、曹嵩の墓とほとんど同じ規模で、全長一五・三メートル、幅一〇・二メートル、高さ三メートルの石室墓である。甬道《ようどう》（墓室と墓室をつなぐための通路）・石門《せきもん》・前室・中室・後室、および南北耳室《じしつ》（通路の左右に設けられた小部屋）・東西側室からなり、銅縷玉衣の残片のほか、壁画、画像磚《がぞうせん》（墓主の日常生活、神話・伝説などが浮き彫りによって描かれた墓磚）が確認されたが、数次にわたって盗掘を受けたと見られる。なお、玉衣は遺体に被せる玉製の衣服であり、王侯の葬具である。縷は玉片を綴り合わせるために用いられた、細い針金のことである。身分に応じて金縷・銀縷・銅縷が使い分けられ、それぞれ金縷玉衣・銀縷玉衣・銅縷玉衣という。一九六八年、中山靖王《ちゅうざんせいおう》劉勝《りゅうしょう》（劉備《りゅうび》の先祖として知られる）および夫人竇《とう》氏の墓である「満城漢墓《まんじょうかんぼ》」から出土した金縷玉衣がことに有名である。このような副葬品が出土した董園一号墓・二号墓は、間違いなく、曹嵩・曹騰の墓なのだろう。

　また、「馬園二号墓」は全長一三・四メートル、幅六・四二メートルの磚室墓であるが、すでに盗掘を受け、破壊されている。一九七五年に発掘され、「曹憲《そうけん》印信」「曹憲」の銅印が出土した。曹憲は墓主の名と思われる。建安十八（二一三）年、曹操は三人の娘――曹憲・曹節《そうせつ》・曹華《そうか》を献帝《けんてい》に嫁がせる。三人は貴人《きじん》の位を拝するが、伏《ふく》皇后が廃位になると、曹節が皇后に立てられた（『後漢書』皇后紀下）。このことから、馬園二号墓の墓主を、曹操の娘、かつ献帝の貴人であった曹憲とみなす説もある。ただし、献帝は曹丕に譲位したのち、山陽公に封ぜられ、河内郡に移されたから、常識的に考えれば、彼の夫人の墓が譙県にあるのは不自然である。文献記録に男性の曹憲は見えない。しかし、馬園二号墓の大きさ・規模は、曹騰・曹嵩の墓には及ばないものの、曹胤の墓に接近している。墓主が高級官僚だったことは間違いない。馬園墓群は市区の西南にあり、同じ曹氏でも、東南に位置する董園墓群や元宝坑墓群とは異なる家門の墓地だった可能性がある。墓域の広さは一族の大きさと強さに比例する。

以上のように、沛国曹氏は、少なくとも譙県一帯において、ある程度の勢力をもつ豪族だったと考えられるのである。

後世、人物像はどう評価されてきたのか？

田中靖彦

曹操を理解するためのキーワード 3

正統論

正史『三国志』では後漢の後継者とされた魏。創業者・曹操は当然英雄とされたが、その死後、時代とともに人物像は変遷していった。その根底には時代ごとの政治状況が深くかかわっており、とくに北宋以降は正統論が大きな影響をもった。

はじめに――毛沢東の曹操再評価

一九五四年、毛沢東《もうたくとう》（一八九三〜一九七六）は北戴河《ほくたいが》（河北《かほく》省北東部の避暑地）にて、「曹操《そうそう》を白臉《はくれん》（劇中の仇役《かたき》のこと。舞台で演じられる曹操は、顔を白く塗った隈取《くまどり》で登場する）の奸臣《かんしん》であるというのは封建正統観念のつくった冤罪《えんざい》であり、これは覆《くつが》えさねばならない」と述べたという（盛巽昌編『毛沢東与三国演義』広西人民出版社、一九九七年より要約。紙幅の都合により、本稿における史料紹介の多くが要約・意訳となっていることをお許しいただきたい）。現在でこそ曹操は三国志の主役だとか、大きな功績があるという見解は珍しくないが、一九五四年の中国では、曹操が奸臣だというイメージは定説だったのであり、毛沢東はこのような定説を否定しようとしたのである。本稿では、曹操に対する毀誉褒貶《きよほうへん》の歴史を簡単に追ってみたい。

最上級の賛辞を贈った陳寿――魏晋南北朝①

曹操に対する評価としてまず確認しなければならないのは、『三国志』の著者・陳寿《ちんじゅ》（二三三？～二九七？）による「抑《そもそ》も非常の人、超世の傑《けつ》と謂《い》ふ可《べ》し」（巻一・武帝紀《ぶていき》）という、最上級ともいえる賛辞である。ただし、この絶賛はもちろんそのまま受け取ることはできないのであって、そこには晋《しん》に仕えた陳寿の思惑が反映されている。陳寿は、主君である司馬《しば》氏が晋の皇帝となったことを正当化するために、司馬氏に帝位を禅譲《ぜんじょう》（天子《てんし》の位を徳のある者に譲ること）した魏の曹氏にも正式な皇帝であってもらう必要があった。そのため、魏の実質的創始者である曹操は最上級の評価を贈られたのである。曹操が本当に陳寿のいうような英傑であったかどうかはまた別の話であり、三国時代を知る根本史料であるはずの『三国志』にこのような偏向があることには、注意する必要がある。

こうした曹操英雄論は、なにも陳寿だけのものではない。魏晋南北朝《ぎしんなんぼくちょう》期の史料には、曹操を王朝の創業者、受命の帝王として扱い、前漢《ぜんかん》の高祖《こうそ》劉邦《りゅうほう》や後漢《ごかん》の光武帝《こうぶてい》と同列に論じたり、政治や軍事においても典範として彼の政策を仰ぐという事例が多く見られる。また、曹魏を中心に三国時代をとらえるという史観もこの時期には広く見られる。

『後漢書』と『漢晋春秋』による批判――魏晋南北朝②

ただし、この時期の曹操評価には多様性も見出せるのであって、批判や否定的見解も少なくない。その代表的な事例として、劉宋《りゅうそう》（南朝宋《なんちょうそう》）の范曄《はんよう》（三九八～四四五）と東晋《とうしん》の習鑿《しゅうさく》歯《し》（？～三八四？）について見ておこう。まず前者だが、范曄が著した『後漢書《ごかんじょ》』は、曹操の専横・野心を強調する意図が濃厚である。たとえば、曹操が魏王《ぎおう》になったことを、『三国志』は天子が行った人事として書いている（原文は「天子進公爵為魏王」）のに対し、『後漢書』は曹操が「自ら」なったと記し（原文は「曹操自進号魏王」）、曹操の専横を強調する。曹操の野心を諫《いさ》めた重臣の荀彧《じゅんいく》がことさら「漢朝の忠臣」として描写されるのは、曹操の野心との対比という側面が強い。だが面白いのは、こうした范曄の筆誅《ひっちゅう》が劉備《りゅうび》・孫権《そんけん》にも向けられている点である。『後漢書』本紀九・孝献帝紀《こうけんていき》では彼らの即位を「魏王（曹）丕称天子。（中略）明年、劉備称帝于蜀、孫権亦自王於呉。於是天下遂三分矣」と記す。つまり范曄によれば、曹操は自称魏王、曹丕《そうひ》は自称皇帝であるが、劉備も自称皇帝、孫権も自称呉王《ごおう》にすぎず、彼らは等しく漢朝の天下を三分した当事者なのである。これは当時における漢朝尊崇の気風を示すものであり、范曄にとって曹操批判と劉備尊崇《そんすう》が等値でなかったことがわかる。これが蜀漢《しょくかん》を唯一の「正統」とする後世の蜀漢正統論と大きく異なる点である。

一方、習鑿歯が著した『漢晋春秋《かんしんしゅんじゅう》』は、初の蜀漢正統論を説いた書として『四庫全書総《しこぜんしょそう》目《もく》』史部一・正史類『三国志』が位置づけている。習鑿歯は、蜀《しょく》は宗室であるから「正」、曹操は簒逆《さんぎゃく》とみなしたといい、この点において彼の三国論はたしかに後世の三国論の先駆であろう。だが、曹魏《そうぎ》に対し否定的であるはずの習鑿歯の曹操評価には賞賛と批判が混在しており、そこには東晋の実力者桓温《かんおん》への愛憎が見え隠れしている。桓温に一度は抜擢《ばってき》されながら、のちに疎《うと》まれ遠ざけられた習鑿歯は、曹操が閹圃《えんほ》を列侯《れっこう》に封じたことを絶賛する一方、張松《ちょうしょう》を軽んじたために曹操は天下を取れなかったと論じているが、こうした曹操評が桓温の「人材」(すなわち習鑿歯自身)に対する態度を念頭に置いたものであることはいうまでもない。

ただし、こういった事例から「東晋《とうしん》は、中原奪回《ちゅうげん》を目指す状況が蜀漢と似ていたから蜀漢を尊崇する風潮が隆盛した」と理解することには躊躇《ちゅうちょ》を覚える。習鑿歯のような論は当時においてはめずらしく、だからこそ後世の注目も集めたのであり、全体としては東晋においても曹魏や曹操を高く評価する傾向は西晋《せいしん》と変わらなかった。また、有名な陶淵明《とうえんめい》の「桃花源記《とうかげんき》」は、桃源郷の住人が世間と隔絶した様子を「漢王朝があったことを知らず、まして魏・晋などなおさら知らない」と描写している。同文によると、これは東晋の太元《たいげん》年間(三七六〜三九六年)のことという。東晋においても漢の後継者は蜀でも呉でもなく魏であるという認識が一般的であったことがわかる。

曹操英雄論と権力者の意向

曹操英雄論、曹魏中心史観は、多少の例外はあるものの、北宋代《ほくそう》(九六〇~一一二七年)まで続くが、その裏には権力者の意向があった。曹魏から北宋に至るまで、多くの王朝は禅譲によって創始されたが、この禅譲による帝位奪取のプロセスをマニュアル化したのは、誰あろう曹操・曹丕父子であった。実際のところ、曹丕の即位は力を背景とした簒奪《さんだつ》以外の何者でもなかったが、後漢の献帝《けんてい》が「古《いにしえ》の故事に倣《なら》い有徳の曹氏に帝位を譲る」という詔《みことのり》を出して譲位したことにより、曹氏は表向き簒奪者の汚名を免《まぬか》れた。その曹氏自身が禅譲によって帝位を奪われたのは歴史の皮肉であるが、禅譲による新王朝の成立は、曹操・曹丕の方法の再現にほかならない。となれば、かつて陳寿が司馬氏に配慮して曹操を讃えたように、禅譲によって成立した王朝に仕えた人びとの多くが曹操に対し肯定的な論を展開したのは、当然の流れであったといえよう。『四庫全書総目』(前述)は、「北宋の太祖《たいそ》(趙匡胤《ちょうきょういん》、九二七~九七六)による簒奪が曹魏(による簒奪)に近かったので、北宋の学者たちは避けるところがあって、魏を偽としなかった」と指摘している。

それに加え、曹操という人物自身に、帝王の地位にあった者が自らを仮託しやすいという側面もあった。唐《とう》の二代皇帝の太宗李世民《たいそうりせいみん》（五九八〜六四九）は、高句麗《こうくり》遠征の途上、鄴《ぎょう》において曹操を祭祀《さいし》し、自ら祭文《さいぶん》を作成した（『資治通鑑《しじつがん》』巻一百九十七・唐紀十三・貞観十九年）。かつて曹操が遼東《りょうとう》を帰順させたことを念頭に置き、戦争の勝利を祈念したのである。そして遠征が不首尾に終わると、先に亡くなっていた功臣魏徴《ぎちょう》（五八〇〜六四三）を追憶して、「魏徴がおれば、私にこんな行いはさせなかったろうに」と語ったが（『太平御覧《たいへいぎょらん》』巻五百八十九・文部五・碑の引く『国朝伝記《こくちょうでんき》』）、これは、赤壁《せきへき》の戦いに敗れた曹操が夭折《ようせつ》した参謀郭嘉《かくか》を追憶した故事（『三国志』巻十四・郭嘉伝）を典拠としている。このように、曹操評価をめぐる言説は各時代の政治的動向と密接に関連していたという事実も、見落とすことはできないであろう。

正統論の萌芽と三国論の転機——北宋

曹操評価を含めた三国論の転機は、北宋代に訪れた。その特徴は、正統論と密接に結びついたことにある。正統論とは、歴代の王朝のうちいずれが「正統」かを検証する論のことで、とくに三国の「正統」の所在をめぐる議論は活発であった。

正統論の大きな特徴は、複数の王朝が同時に存在した場合、「正統」と認められる王朝はただ一つのみだということである。「何を当然のことを」と思われるかもしれないが、それまでの三国時代認識は、漠然と曹魏を中心にとらえる傾向にあったものの、だからといって蜀呉を強く否定するという概念はさほど強くなかった。ところが正統論においては、たとえば蜀が「正統」と論ずると連鎖的に魏呉に対する論調は否定的なものになる。こうした正統論と強く結びついた三国人物論はそれまでの多様性を徐々に失い、従来にはあり得た「曹操は偉大で諸葛亮《しょかつりょう》も素晴らしい」といった言説は成立しがたくなっていくのである。

「正統」の概念の萌芽は、北宋の三代皇帝・真宗《しんそう》（九六八〜一〇二二）の時期に看取できる。北宋では曹魏や曹操に対し肯定的な論が比較的多いが、この北宋代は、曹操や曹魏への肯定評価に翳《かげ》りが見えてきた時期でもあり、そのことは正統論の確立者と位置づけられる欧陽《おうよう》脩《しゅう》（一〇〇七〜七二）に顕著である。彼は当初、三国では曹魏を「正統」としていたが（「明正統論」ほか）、のちにそれを撤回し（「正統論下」ほか）、曹魏の悪は子どもでも知っていると論ずるようになった（「魏梁解」）。司馬光《しばこう》（一〇一九〜八六）は『資治通鑑』において、曹操の徐《じょ》州虐殺における犠牲者の数について、『三国志』および裴松之《はいしょうし》注より一桁多い『後漢書』の数字を採用している。また彼は、『資治通鑑』において曹魏の年号を用いたのはやむを得ずの処置であると弁解し、曹魏を「正統」とは認めなかった。また、蘇軾《そしょく》（一〇三六〜一一〇一）の『東坡志林《とうばしりん》』には、王彭《おうほう》が語ったこととして「三国物語を聞く町の子どもたちは、劉備が負けたと聞くや眉をしかめ、泣く者もいるが、曹操が負けたと聞くや快哉《かいさい》を叫ぶ」という記述がある。北宋代の三国論を伝える史料として有名であるが、これは欧陽脩のいう「曹魏の悪は子どもでも知っている」という指摘を裏づける史料ともとれよう。

ただし注意したいのは、欧陽脩も司馬光も蜀漢正統論者ではないということである。欧陽脩は「劉備は『正統』ではない」と明言しているし、司馬光も劉備が漢室の一門であることに疑義を呈している。前掲『東坡志林』の記述はわれわれのイメージする魏蜀二極対立構造と近いが、欧陽脩や司馬光らの認識を見るかぎり、後世における曹魏批判と蜀漢正統論が、この段階では同値になりきっていないことがわかる。

「奸臣」曹操の確立――南宋〜清

蜀漢正統論が有力となるのは、宋《そう》が女真《じょしん》族の金《きん》の攻撃を受け南遷《なんせん》してから（南宋《なんそう》、一一二七〜一二七九年）のこととされる。中原《ちゅうげん》を失った南宋の人びとは、漢室復興を国是として掲げた蜀漢に自らを投影し、こぞって蜀漢を「正統」であると論じた。そしてそれと並行して「正統」たる蜀漢の敵曹操は、漢朝を乗っ取った大悪人となっていくのである。南宋の初代皇帝・高宗《こうそう》（一一〇七〜八七）は、屯田《とんでん》を実施した岳飛《がくひ》（一一〇三〜四一）に対し、曹操・諸葛亮らの故事を自ら書いて送ったところ、岳飛は曹操を姦賊《かんぞく》とみなして軽蔑したという

1 歴史のなかで曹操像はどう語られてきたのか？

後世、人物像はどう評価されてきたのか？

（『宋史《そうし》』巻三百六十五・岳飛伝）。南宋になっても皇帝は曹操を典範と仰いだ興味深い事例であると同時に、奸臣といえば曹操というイメージが確立しつつあったこと、そして曹操と諸葛亮の同時賞賛が成立しがたくなってきていることがわかる。簒奪者としての曹操像は早くからあったが、南宋以後はそれがいっそうクローズアップされていくのである。元末明初《げんまつみんしょ》ごろに成立したという三国志物語の決定版、『三国志演義《えんぎ》』が曹操の悪辣《あくらつ》さを強調していることはあまりに有名であるが（16頁参照）、同書における曹操描写も、漢室に対する野心が彼の悪行として強調されている。

その後の政界におけるこのような認識をいくつか見てみよう。明《みん》代の宦官《かんがん》・曹吉祥《きっしょう》（?〜一四六一）は、土木《どぼく》の変（一四四九年）で捕らわれたのちに帰還した英宗《えいそう》（一四二七〜六四）の復位を実現させたが、やがて彼は謀反《むほん》を企てる。彼の嗣子《しし》である曹欽《そうきん》が馮益《ふうえき》に「古より、宦官の子弟で天子となった者はいるか」と問うと、馮益は「君の家の魏武《ぎぶ》（曹操）がその人です」と答え、曹欽はおおいに喜んだという（『明史《みんし》』巻三百四・宦官伝一）。曹操の義理の祖父である曹騰《そうとう》が宦官だったことはよく知られているが、つい最近まで中国史における宦官といえば腐敗・亡国の元凶というイメージが強かった。この記事もそんな価値観に基づいているのであり、本当にこんなやり取りがなされたのかどうかは疑わしいが、少なくとも同記事からは、曹操のもつ「簒奪者、しかも宦官の子孫」という二重の（当時における）マイナス要素が注目されていたことが看取できる。

清代《しん》に入っても「簒奪者」曹操像は健在であった。『四庫全書総目』が曹魏（および北宋）の成立を簒奪とみなしたことは前述したが、『四庫全書』編纂を命じた乾隆帝《けんりゅうてい》（一七一一～一七九九）には、和珅《わしん》（ヘシェン。?～一七九九）という寵臣《ちょうしん》がいた。彼は賄賂《わいろ》を貪《むさぼ》っていたといわれ、乾隆帝の死後、内外の諸臣の弾劾《だんがい》を受け自害に追い込まれるのだが、弾劾者たちは和珅を大逆罪に該当すると上奏し、曹操と前漢《ぜんかん》を簒奪した王莽《おうもう》に比したという（『清史稿《しんしこう》』列伝一百六・和珅伝。中華書局標点本による）。

再評価時代の到来――二十世紀～現代

こういった曹操悪人説に対する反論が起こったのは、二十世紀初頭であった。清朝が倒れ、旧来の価値観からの脱却を訴える動きが起こるなか、章炳麟《しょうへいりん》（一八六九～一九三六）や魯迅《ろじん》（一八八一～一九三六）らによって曹操の再評価が唱えられた。とくに魯迅が一九二七年に行った講演「魏晋風度及文章与薬及酒之関係」において曹操を高く評価したことは有名で、彼の説は日本の研究者にも大きな影響を与えている。また戯劇の世界においては、郝寿臣《かくじゅしん》（一八八六～一九六一）などの名優が、舞台上にて堂々たる悪役の大物として曹操を演じ、「活孟

上海の魯迅記念館に立つ魯迅像

徳」と絶賛された（波多野乾一『支那劇と其名優』新作社、一九二五年ほか）。単なる憎まれ役にとどまらぬ曹操イメージが、そこには見出せる。ただし一方で、依然として曹操は悪人の代名詞でもあり続けた。一九二三年に中華《ちゅうか》民国《みんこく》大総統となった曹錕《そうこん》（一八六二〜一九三八）は、議員を買収した選挙で当選した「賄選《わいせん》総統」と蔑《さげす》まれたが、そんな彼を批判する暗喩《あんゆ》として用いられたのは、曹操であった。経学者・呉承仕《ごしょうし》は、禰衡《でいこう》が曹操を罵《ののし》る場面をもつ演劇「撃鼓罵曹《げきこばそう》」を演じ、曹錕を諷刺《ふうし》・批判したという逸話が残っている（呉鴻邁「一曲未終拂袖去、登台撃鼓罵曹錕――記聴春社裏的呉承仕先生」『歙県文史資料』第一輯、一九八五年）。

中国において曹操の再評価に決定的な役割を果たしたのは、毛沢東である。冒頭でも例示したが、中華人民共和国建国後の毛沢東は、曹操を奸臣とするのは封建正統観念がつくった冤罪だと述べ、曹操再評価を主張していく。毛沢東は、従来の曹操が悪人の代表人物であったことを踏まえ、その再評価を訴えることで、新たな価値観を打ち出し、新たな時代の到来をアピールしたのである。そしてこれに呼応するように、郭沫若《かくまつじゃく》（一八九二〜一九七八）らは曹操再評価を主張する論を展開、「曹操翻案」は学術界でも盛んに議論された。郭沫若の論には反駁《はんばく》もあったが、一九七〇年代ころには曹操評価は肯定的なものが大勢を占める。現在、曹操に対する評価は中国でも日本でも高い傾向にあるが、こういった論調には毛沢東によって本格的に始まった曹操再評価の影響は小さくないであろう。

おわりに――毀誉褒貶の曹操像

昨今では、学術界のみならず、ゲームや漫画などでも曹操は魅力と能力を兼ね備えた人物として描かれることが多く、もはや「再評価」など必要ないのかもしれない。だが、このことから「曹操がやっと正当な評価を下されるようになった」と考えるのは慎むべきであろう。見方を変えれば、曹操評価は約千八百年の時をかけて、「抑も非常の人、超世の傑と謂ふ可し」という陳寿の評に戻ってきたにすぎないのである。先に述べたとおり、この陳寿評自体が彼を含めた当時の人びとの思惑を反映したものであり、絶対的に正しいなどといえる代物《しろもの》ではない。陳寿に思惑があったように、われわれが曹操を高く評価する背景にも、(意図的か否かは別にして)何らかの思惑があるに相違ないのである。

来年は、曹操没後千八百周年の年である。歴史は人の営為の積み重ねであるが、それを評価するのも人である以上、その価値観によって評価が変わることは避けられない。歴史人物評価もつねに動くのだという当然のことを、曹操はわれわれに物語っている。

※紙幅の都合でほとんどの参考文献名の掲載を割愛させていただくことをお許し願いたい。拙著『中国知識人の三国志像』(研文出版、二〇一五年)をご参照いただければ幸甚である。

曹操高陵の発掘調査から何がわかったのか？

佐々木正治

曹操を理解するためのキーワード
4

曹操高陵

近年、発掘調査により曹操の墓と認定された西高穴二号墓（曹操高陵）。墓の内部、多くの出土品、周辺の関連遺跡も調査が進み、「王」「皇帝」として曹操がどのように埋葬されたのか、その実態が解明されつつある。これまでに明らかになった最新情報を紹介する。

曹操高陵発見の意義

河南《かなん》省安陽《あんよう》市の漳河《しょうが》南岸の西高穴《せいこうけつ》村で、後漢《ごかん》時代末期の墓が発見された。その地は、まさに唐《とう》『元和郡県図志《げんなぐんけんずし》』相州鄴《ぎょう》県条に「魏武帝《ぎぶてい》西陵は県西三十里にあり」という位置である。盗掘を機に発見されたこの墓は、二〇〇八年に河南省文物考古研究院により発掘調査が行われ、曹操《そうそう》の墓であると認定された。『三国志』巻一・武帝紀の曹操の終令（二一八年）に「それ西門豹祠《せいもんひょうし》の西原上を規し寿陵《じゅりょう》をなせ」とあるが、西門豹祠は鄴城《ぎょうじょう》故址の西、豊楽鎮《ほうらくちん》に現存し、その位置も『元和郡県図志』に「県の西十五里」とある。西高穴村は鄴城故址から西へ一四・五キロ、西門豹祠から七・五キロにあり、文献の曹操高陵《こうりょう》（以下、高陵）の位置と一致する（図1）。

被葬者が曹操とされたことも驚きであるが、その後、一千点近い遺物が整理されると同時に、二〇一一年・二〇一六年には墓周辺の関連遺跡が調査され、多くの知見を得た（図2）。発見・発掘から認定に至る経緯は、河南省文物考古研究所編著・渡邉義浩監訳『曹操墓の真相』（国書刊行会、二〇一一年）に詳しく、また発掘報告書も刊行された（河南省文物考古研究院『曹操高陵』中国社会科学出版社、二〇一六年）。詳細はこれらに譲るが、最も大きな成果は、この発見が三国時代考古学研究の標準資料となることである。三国時代は、考古学的な尺度で遺跡や遺物をその範疇《はんちゅう》に当てはめるには期間が短すぎる。高陵は曹丕《そうひ》が二二〇年に魏王朝を興《おこ》した直前の墓葬であり、出土遺物とともに、魏と三国時代の考古学を考えるうえで最も標準的な資料となる。

では、この考古学的成果はわれわれに何を伝えてくれるだろうか。本章では、おもに墓葬《ぼそう》、陵園《りょうえん》、出土遺物の面から調査成果を確認しつつ、明らかになったことを見ていきたい。

墓から何がわかるのか?

墓は、長さ三九・五メートル、幅九・八メートルの墓道をもつ平面二二メートル×一八メートルの竪穴《たてあな》墓坑《ぼこう》に、前室《ぜんしつ》・後室《こうしつ》・各側室《そくしつ》からなる墓室をレンガで構築した磚室墓《せんしつぼ》である(図3−1)。

規模は漢王朝歴代の皇帝陵に比べて小さいが、何も不思議なことはなく、曹操はあくまで漢王朝の王《おう》の身分として逝去《せいきょ》したのである。後漢時代の王の墓と比べると、墓室総床面積約六五・五平方メートルという規模は、たとえば淮陽《わいよう》陳頃王《ちんけいおう》劉崇《りゅうすう》墓《ぼ》(図3−2)の回廊を除いた主室部分の床面積約六九・五平方メートルという規模に近い。高陵は同時代の墓のなか

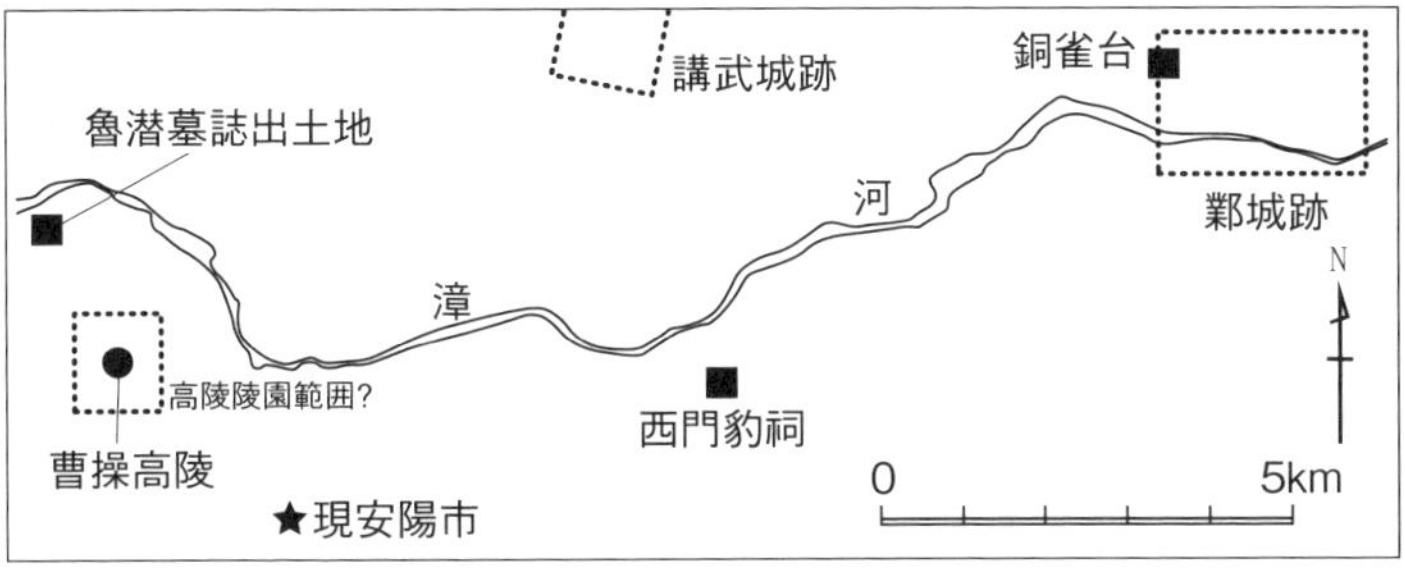

図1　曹操高陵の位置

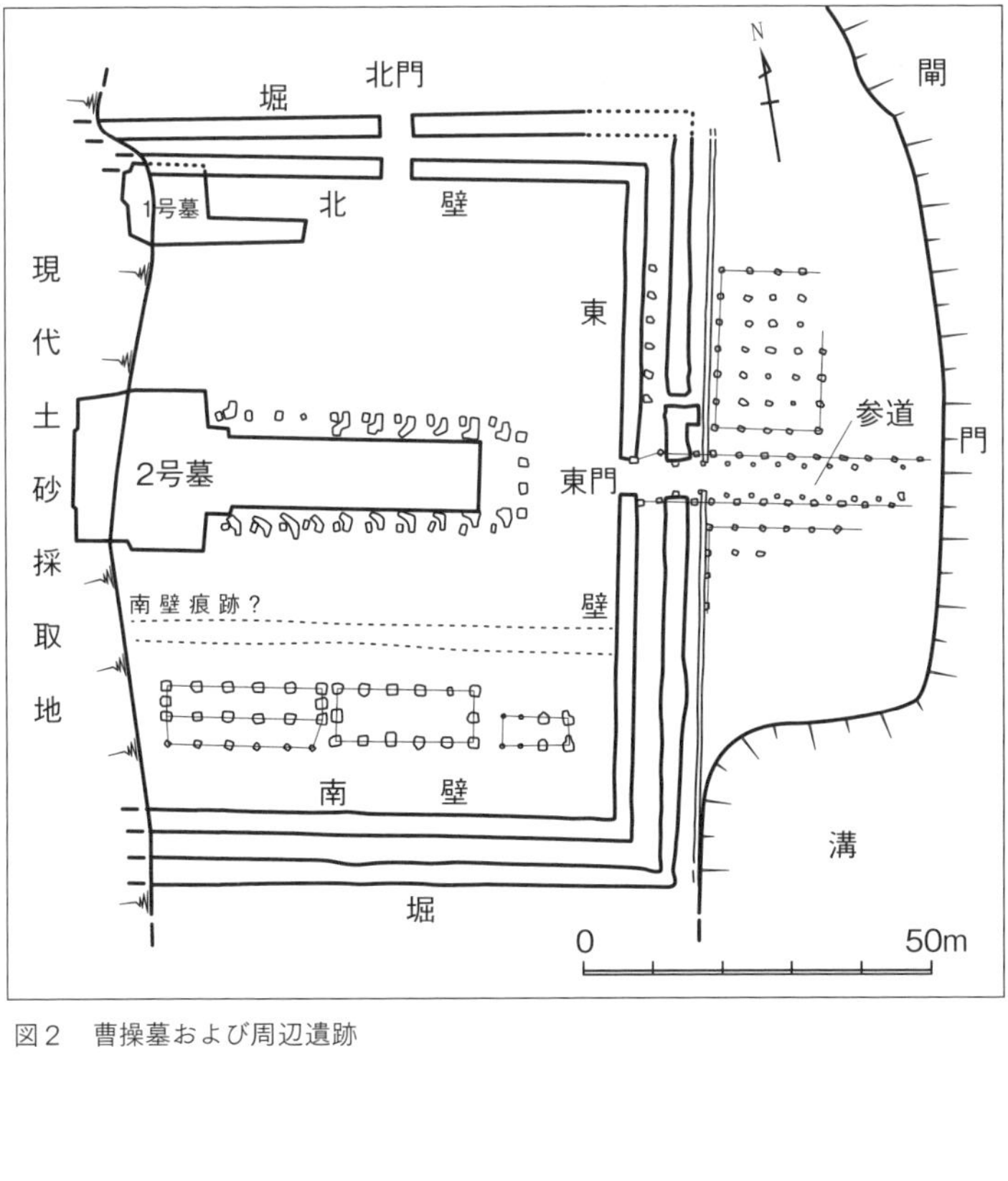

図2　曹操墓および周辺遺跡

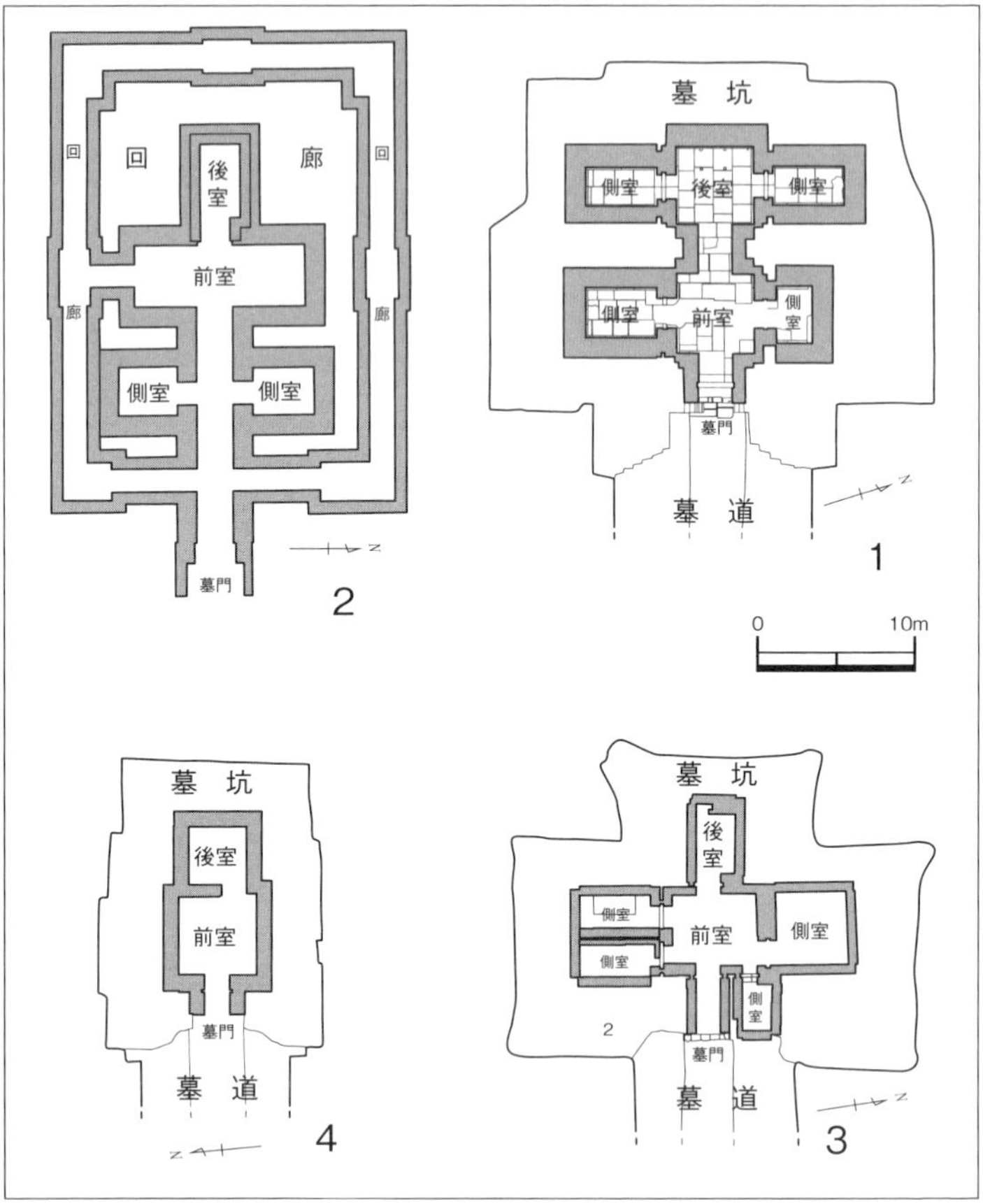

図3　後漢王墓および魏墓
1．曹操高陵　　2．陳頃王墓　　3．曹休墓　　4．洛陽市西朱村墓

では皇帝陵に準ずる規模であり、後漢時代末期の王墓としてふさわしいのである。

　建築材はレンガであるが、漢代では、そもそも磚室墓はもっぱら小型墓または下級官僚の墓であった。前漢《ぜんかん》時代の王族は、膨大な量の角材を組み合わせた木棺木槨《もっかんもっかく》を墓坑内に構築する黄腸題湊《こうちょうだいそう》と呼ばれる大型墓や、崖に墓道と墓室を穿《うが》った崖洞墓《がいどうぼ》などを採用し、高級官僚のなかには石材で大型墓を構築する場合もあった。しかし後漢時代になると、レンガは一般的な墓葬建築材となり、身分の高い被葬者の墓葬でも磚室墓が採用されるようになる。王墓でも陳頃王劉崇墓のように、墓室と回廊からなる黄腸題湊をもとにした形態を石材・レンガで築造した黄腸石墓《こうちょうせきぼ》と呼ばれる墓葬が増え、高陵はその回廊部分を省略した形態である。高陵は、王墓としてはめずらしい総レンガ造りであるが、王侯クラスの墓でもレンガが用いられるようになった背景があった。ともあれ、磚室墓としては突出して大型であり、漢代王陵発展の最終段階に位置づけられる。

　なお、磚室墓の多くが既製のレンガを使い、現地で削ったり割ったりして、墓の形態に合わせて構築するが、高陵のレンガはけっして既製品ではなく、墓の構造に応じてかなりていねいに成型されており、この墓のために作られたレンガである。

　また、調査から非常に興味深いことがわかった。それは、高陵の墓道は二度にわたり掘られ、二回の埋葬が行われたことである。現状の墓道の底面に、幅四メートルの浅い溝状の面が墓門まで続く。最初に掘られた墓道の痕跡である。それがいったん埋め戻され、その上に土を突き固めてつくった版築基壇《はんちくきだん》が墓全体を覆うように構築され、その後、基壇上面から再度幅の広い墓道が掘られ、最初の墓道は底面のみ残して消失した。

墓道両側の地面上には、曲尺形《かねじゃく》（直角に曲がった形）の柱穴と長方形の柱穴が並んでいるが、地層関係の調査により、長方形柱穴と二度目の墓道は基壇上面から掘られ、基壇下面にある曲尺形柱穴を掘り込んでいることがわかった。ここから、第一次墓道と曲尺形柱穴が同時期で古く、第二次墓道と長方形柱穴が同時期で新しく、総じて二つの時期的段階があり、第一次墓道は曹操を埋葬した際のものと考えられる。では、第二次墓道は何を意味するのか。これについては後述する。

広大な陵園の存在

二〇一一年の調査により、墓は単独ではなく、墓を囲む区画が形成されていることがわかった。二〇一六年の調査によると（河南省文物考古研究院・安陽市文物考古研究所・高陵管理委員会「安陽高陵陵園遺址二〇一六－二〇一七年度考古発掘簡報告」『華夏考古』二〇一八年、第一期）、北側・東側・南側に幅二・八メートル前後の墓を取り囲む土壁基礎が確認された。もとの高さは不明であるが、東壁は約九三メートル、北壁の残長は七四メートル、南壁の残長は七〇メートルである。さらにその壁を囲むように、幅二・八メートル前後の堀が巡っている。西側は現代の掘削により不明であるが、その削平された付近で小型の陪葬墓《ばいそうぼ》が確認されており、これを壁内に含むなら、壁に囲まれた範囲の東西長は少なくとも二〇〇メートル以上となる。

土壁・堀ともに東部・北部で途切れた箇所があり、幅五メートルの門址である。とくに東門は、東壁の中央にあり、その延長上に墓道があり、外側に参道がのびる。墓をこの壁内の中心軸に配置していることが明らかである。

以上の範囲のさらに外側に幅一〇メートル以上の閘門溝《こうもんこう》が巡るが、土壁・堀より時代は新しく、形成時期は不明である。陵園に並行して存在することから、その構成部分であるとすると、陵園はさらに広大であるが、その関係はなお検討が待たれる。

このほか、建築遺構の存在も判明した。参道の両側に、東壁に沿って柱穴が規則正しく並んでいる。南壁内側にも、南壁に沿って柱穴が並んでおり、墓葬と並行した方向に配置されている。『続漢書《ぞくかんじょ》』礼儀志《れいぎし》第六礼儀下の記載によれば、皇帝の墓葬付近の「下房《かぼう》」や「便殿《べんでん》」といった施設において葬送儀礼が行われていたが、どの遺構がどういった施設であるかは、今後の研究が待たれる。

興味深いことに、遺跡上面は平滑に削平されていることがわかった。土壁の基礎部分を残し、当時の地面より上部はみな整然と削られ、また柱穴も、柱を抜き取るための掘削痕が見られる。瓦片などはほとんど検出されず、自然に廃棄され遺跡になった状況ではない。これについても後述する。

出土遺物が語るもの

出土遺物では、陶磁器・石製品・銅鉄器・金銀器・玉器《ぎょくき》・骨器・漆器《しっき》・紡織品などさまざまな種類があり、いくつか目を引くものを見ておきたい。

二百五十点以上の陶器には、礼器・調理具・食器・文房具・その他生活用品類と多様な種類があり、すべて素焼きの質素なものである点は興味深い。とくに陶鼎《とうてい》が十二点出土し（図4−1）、『続漢書』礼儀志に、天子の葬礼に用いられる副葬品に「瓦鼎《がてい》十二」とあることに合致する。

同様の状況が石圭《せきけい》・石璧《せきへき》に見られる（図4−2・図4−3）。石圭は長さ二八・八センチ、石璧は直径二八・八センチと、『周礼《しゅらい》』冬官考工記《とうかんこうこうき》に見える天子の礼器の大きさ「鎮圭尺有二寸」に適《かな》ったものであるが、玉《ぎょく》などではなく、粗面の石製である。

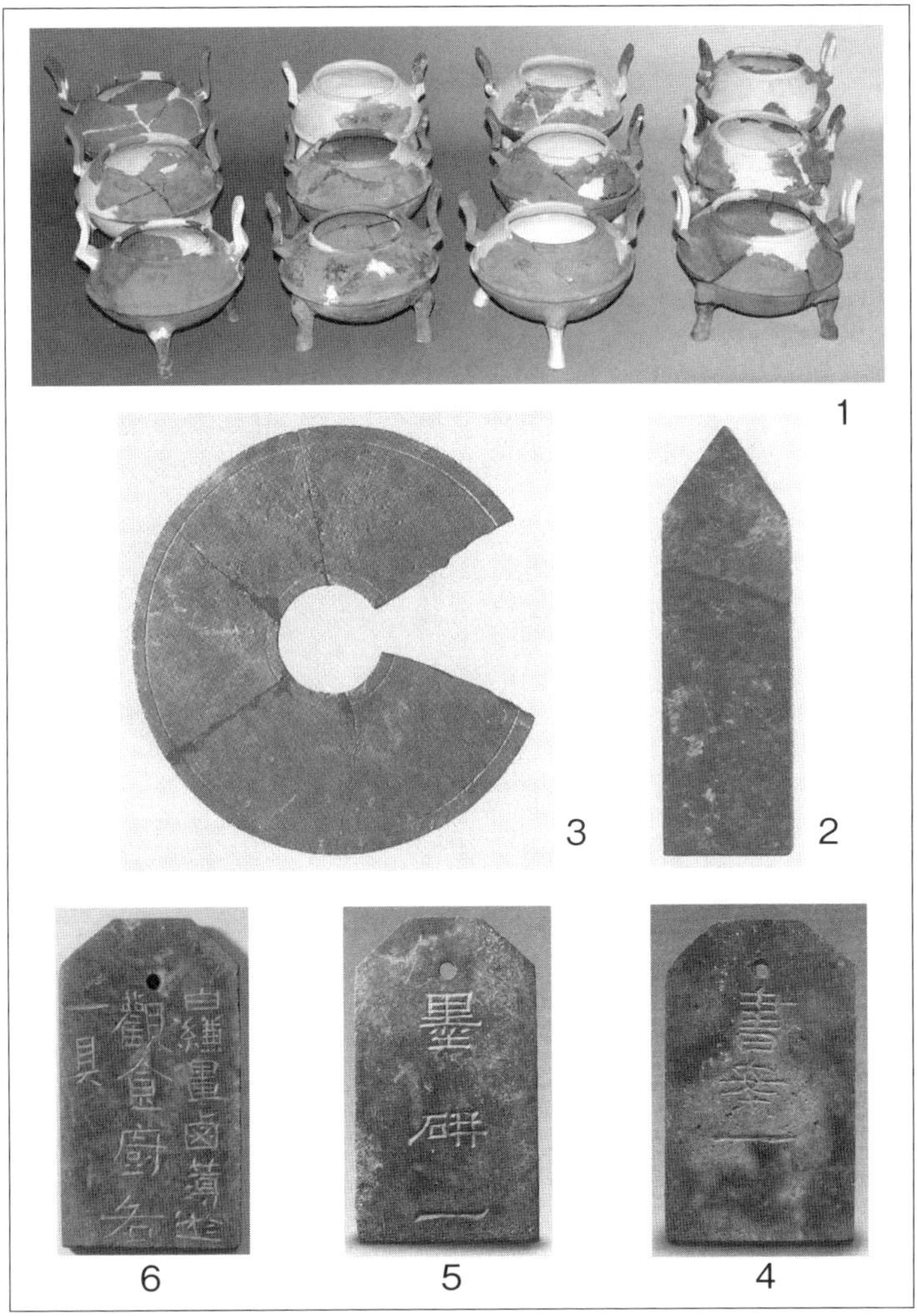

図4　曹操高陵出土遺物（潘偉斌氏提供）
1．陶鼎　2．石圭　3．石璧　4．「書案」石牌　5．「墨研」石牌
6．「鹵簿」石牌

注目すべき遺物に、六十五点にのぼる石牌《せきはい》がある。副葬品目録ともいうべき「遺冊《いさく》」で、過去には類例がなかった（図4－4〜6）。高陵は残念ながら何度も盗掘を受けていて、本来の副葬状況を完全に知ることはできないが、遺冊から、かなりの程度その内容を知ることができる。

石牌には二種類あり、上部の尖《とが》った圭形《けいけい》石牌には、「魏武王常所用挌虎大戟《かくこだいげき》」といった武器類が記されている。同時に、墓からは刀剣・甲冑《かっちゅう》・鏃《ぞく》といった鉄製武器・武具が大量に出土しており、武人としてつねに戦場に身を置いた曹操ならではである。

もう一種の石牌には、「絨手巾《じゅうしゅきん》」「黄綾袍錦領袖《こうりょうほうきんりょうしゅう》」「衣枷《いか》」・「鏡台」・「沐具《もくぐ》」といった品目名が確認でき、もともと絹織物や服飾品、各種什器《じゅうき》などが副葬されていた。「璧《へき》」・「珪《けい》」・「渠枕《きょちん》」のように、実際の出土遺物と合致する石牌もある。なかには、「書案《しょあん》」（図4－4。文机）・「墨研《ぼくほう》」（図4－5。墨瓶）といった石牌があり、曹操の文人としての一面を彷《ほう》彿《ふつ》させる。また「三尺五寸両葉画屏風一」や「白縑画鹵簿《はくけんがろぼ》遊観食厨各一具」の石牌があり、屏風や生活場面を描いた絹織物などが墓内を飾っていたことがわかる。

『三国志』武帝紀によれば、建安《けんあん》二十二（二一七）年、献帝《けんてい》は王の位《くらい》を得た曹操に、天子《てんし》の旌旗《せいき》を設置し、護衛を付け、また天子の冠・車馬を用いることを許した。「鹵簿」は天子の儀衛であり、高陵の副葬品には車馬器も見られる。

その後の皇帝陵にもたらした影響

以上の考古学的成果からの知見は、われわれに何を物語るであろうか。

まず、高陵は漢王朝の王陵であり、魏王朝における皇帝陵であるという二面性である。曹操は王として逝去し、漢礼に従い武王《ぶおう》と諡《おくりな》された。その墓葬が、皇帝に次ぐ王の墓としてふさわしいことは前述のとおりである。

しかし、曹丕が二二〇年に魏王朝を興すと、曹操は武皇帝と追諡《ついし》され魏の皇帝とみなされる。曹操の終令には「高きに因《よ》りて基を為《な》し、封ぜず樹せず(高き場所を選び墓の基礎を築くこと。また、土盛りや植樹をしてはならない)」とあり、また遺令(二二〇年)には「金玉珍《きんぎょくちん》宝《ぽう》を蔵すること無かれ」とある(『三国志』巻一・武帝紀)。曹丕が二二二年に自らの陵墓のために下した「終制」では、「封樹するを為す無かれ、寝殿を立て園邑《えんゆう》を造り神道を通ずること無かれ」、「金銀銅鉄を蔵すること無かれ」と規定した(『三国志』巻二・文帝紀《ぶんていき》)。曹操の終令・遺令をもとに曹丕が終制を制定し、その後の魏の皇帝は、高陵を基準に墓葬を造営したであろう。

実際、魏の時代には高陵を超える規模の墓はない。二〇一〇年五月に、洛陽《らくよう》市孟津《もうしん》県において曹操の族子曹休《そうきゅう》の墓葬が発見された。その規模は墓室平面面積約五四平方メートルと、高陵よりひとまわり小さい（図３―３）。また二〇一五年に、洛陽市西朱村《せいしゅ》で魏墓が発見され、高陵の出土品とまったく同じ形態の遺冊石牌や石圭・石璧が出土した。被葬者を明帝曹叡《めいていそうえい》とする説もあるが、魏の皇族の墓葬であることは間違いない（図３―４）。同墓は前室・後室からなる磚室墓で側室をもたず、墓室平面面積は約四〇平方メートルである。詳述しないが、西晋《せいしん》・北朝《ほくちょう》の皇帝陵は単室の磚室墓で規模はさらに小さくなる。

こういった新たな考古学的発見も考慮すると、王墓であり皇帝の墓であるという二面性ゆえに、高陵を基準に魏王朝の墓制が制定され、それに基づいて魏の皇族の墓が営まれ、かつその後の陵墓小型化の起点となったことがわかるのである。

二次葬をめぐる疑問

前漢時代の王陵では、皇帝に次ぐ規模の陵園が造営されていた。後漢諸王陵では、墓を内包する陵園は未調査で、高陵陵園の発見は非常に貴重であり、いくつか興味深い点がある。まず墓を中心に配置し、壁・堀が巡ることである。じつは発掘当初、二基の墓葬が発見されており、二号墓が曹操の墓である。一号墓は墓坑だけで、内部には墓室が構築されていない。

さらに北壁が一号墓の一部を掘り込んでおり、いわば一号墓の存在を無視して土壁が築かれているのである。では一号墓は廃棄されたのであろうか。

これについては、二次葬と同時に考える必要がある。『三国志』巻五・后妃伝《こうひでん》に、太和四(二三〇)年「五月、后崩《ほう》ずる。七月、高陵に合葬する」とあり、曹操逝去の十年後に、皇后卞《べん》氏が高陵に合葬された。墓からは、曹操と思われる男性人骨のほか、五十歳以上の女性人骨が発見されており、卞氏の可能性が高く、第二次墓道はこのときのものと考えられる。

そしてこの問題について、渡邉義浩が次のように解き明かす。もともと後漢時代には、皇后埋葬の際、皇帝と同じ墳墓の別の墓室に葬る「同墳異穴」が行われていた。これにより、高陵造営の際も卞氏の墓室が曹操の墓の隣に造られた。一方、後漢末期の学者鄭玄《じょうげん》の経学《けいがく》では、皇后の合葬は、皇帝と同じ墓室内に葬る「同墳同穴」に基づくべきであるとされ、それを明帝曹叡が二二八年以前に採用した。そのため、卞氏が亡くなった際、予定していた一号墓を廃棄し、高陵の墓室を再度開き、同穴合葬を行ったのである(「鄭玄の経学と西高穴一号墓」『早稲田大学大学院文学研究科紀要』五九-一、二〇一四年)。

そうすると、一号墓が廃棄されてから、北壁が築かれたことになるが、ここに疑問が生ずる。じつは当初の調査で、曹操の墓の南側一〇メートルほどの位置に、土壁の痕跡が確認されていた。この位置に最初の南壁があったとすると、この南壁と現在見られる北堀の間に、ちょうど一号墓と二号墓が等間隔に収まる。

つまり、曹操埋葬の時点では、曹操墓（二号墓）と卞氏墓（一号墓）を土壁・堀で囲い込む陵園配置であったが、「同墳同穴」の採用により一号墓は不要となり、曹操墓が中心軸に置かれるように土壁を築き直したのではないか。二次葬に伴って、土壁や陵園の配置に変化があった可能性があるのである。

『晋書《しんじょ》』志第十礼中によると、高陵にはもともと祭殿などがあったが、二二二年に魏文帝曹丕が詔《みことのり》を下し、「高陵上殿はみな毀壊し、車馬は厩《うまや》に還し、衣服は府に蔵し、以て先帝の倹徳の志に従わん。文帝自ら終制を作し、また曰《いわ》く、寿陵に寝殿を立て園邑を造ること無かれ。これより後、園邑・寝殿遂に絶つ」というように、高陵に存在した各建築を廃棄し、その後の陵園の規模を大幅に縮小した。実際、高陵では、墓葬の地上部分が整然と削平されており、曹丕の詔に一致する。ただし、調査成果から見ると、二三〇年ごろはなお土壁は残されていたようである。

副葬品から見ると、大量の陶製容器類が素焼きの質素なもので、先述の遺令のように、自身の墓への副葬を簡素にするよう求め、曹植《そうち》『誄文《るいぶん》』（『芸文類聚《げいもんるいじゅう》』巻十三）には「明器《めいき》（副葬品）飾りなく、陶は素にしてこれを嘉とす」とある。質素倹約を旨とする曹操の実像を如実に表していることも確かであろう。圭・璧などの礼器が石製であることも同様である。

ただし、十二の鼎《かなえ》、圭・璧、「鹵簿」石牌などは、王の身分でありながら、天子と同じ振る舞いを許された曹操の別の一面を物語る。しかし二次葬の存在が明らかになった以上、こういった天子の礼器は、武帝と追諡された曹操にふさわしい副葬品として、二度目に追葬された可能性もあり、曹操埋葬と同時に埋納されたものとはかぎらない。二次葬の時期は二三〇年ごろと考えられるが、先述の洛陽西朱村魏墓は、二三九年に崩御した明帝の墓である可能性があり、高陵出土品とまったく同じ形態の石牌・石圭・石璧が出土しているのである。両者にはどのような関係があるのであろうか。

二次葬の存在から、皇后卞氏の合葬やそれに伴う陵園の修築などが明らかになったが、曹操埋葬当初の陵園が、二次葬や関連施設の廃棄・修築等を経て、その規模や配置がどのように変遷するか、なお検討が待たれる。そして、副葬品についても、曹操の埋葬に伴うものと、二次葬に伴うものとを、明らかに区別するのはむずかしい。

このように陵墓や出土遺物など、高陵にはまだまだ謎が多く、さらなる研究が期待される。

2

「覇者」たらしめた政治力と軍事力の源泉とは?

曹操が目指した理想の政治とはどのようなものだったのか？

渡邉義浩

曹操を理解するためのキーワード
5

猛政

各地の富裕層、有力者層を取り込んで政権を維持した後漢では、官僚たちへの刑罰が有名無実化していた。漢の実権を握った曹操はそれらを認めず、法律に基づく徹底的な厳しい統治「猛政」を選択した。その根底には、漢帝国を支えた根源的要素の打破という強い目標があった。

若き日の曹操が理想とした儒将・橋玄

「乱世の奸雄《かんゆう》」と評された曹操《そうそう》は、突然生まれた異端児ではない。自らの志《こころざし》を養う青年時代、理想とする人物がいた。それが橋玄《きょうげん》である。曹操が行った政策の特徴となる「猛政《もうせい》」は、橋玄から継承したものである。曹操の政策を理解するためには、橋玄を知らなければならない。

橋玄は、字《あざな》を公祖《こうそ》といい、豫《よ》州梁《りょう》国睢陽《すいよう》県の人である。曹操の祖父曹騰《そうとう》が高く評した廟《ちゅう》暠《こう》に推挙されて、三公《さんこう》の筆頭である太尉《たいい》にまで至った。橋玄は、法に基づく厳格な猛政を行い、豪族《ごうぞく》（漢代の大土地所有者）の不法を許さず、外戚《がいせき》・宦官《かんがん》とかかわりをもつ者でも必ず弾劾《だんがい》した。また、末っ子を人質に立て籠もられた際には、躊躇《ちゅうちょ》する司隷校尉《しれいこうい》（首都圏長官）や洛陽令《らくようれい》（首都洛陽の県令）を叱咤《しった》して誘拐犯を攻撃し、犯人もろとも末っ子をも落命させている。橋玄は、その足で宮中に赴《おもむ》くと、「人質事件があった際には、人質を解放するために財貨を用いて悪事を拡大させないようにいたしましょう」と上奏《じょうそう》する。当時、首都の洛陽では人質事件が頻発していた。橋玄の断固たるこの処置により、人質事件は途絶《とだ》えたという。

一方で、橋玄は、代々伝わる儒教の継承者でもあった。七代前の祖先である橋仁《きょうじん》は、『礼《らい》記《き》』（礼の理念や具体的事例を説く儒教経典）の学問を集大成している。その学問は「橋君学《きょうくんがく》」と呼ばれ、橋氏の家学《かがく》として継承されていた。また、橋玄は、桓帝《かんてい》の末年、鮮卑《せんぴ》・南匈奴《みなみきょうど》・高句麗《こうくり》が中国に侵入すると、西北方面の異民族対策の総司令官である度遼将軍《どりょうしょうぐん》として高句麗《こうくり》の伯固《はくこ》らを討ち破り、辺境を安定させた。代々の家学として礼学を伝え、門人に教授するほどの学識をもちながら、戦場に出れば敵を撃破する。橋玄は、まさに「入《い》りては相《しょう》、出《い》でては将」といわれる理想的な「儒将《じゅしょう》」である。曹操が目指したものもこれであった。

曹操を高く評価する橋玄は、曹操に人物評価の大家・許劭《きょしょう》を訪ねさせた。許劭は三世三公の家柄である。宦官の養子の子である曹操に好意的であったわけではない。それでも許劭は、三公を歴任していた橋玄の紹介を無視できず、曹操を「治世の能臣《のうしん》、乱世の奸雄」と評価する。曹操は、これにより名士になった。曹操の出世（世に出ること）は、橋玄の恩による。それは橋玄の故君である廟畧を評価した、曹操の祖父曹騰への橋玄からの恩返しでもあった。建安《けんあん》七（二〇二）年、曹操は、橋玄の墓を通り過ぎると、最高の供物を捧げて橋玄を祭っている。

もとの太尉の橋公（橋玄）は、立派な徳と高い道をもち、広く愛して広く受け入れた。操《わたし》は若年のころ、室内に招き入れられ、君子（橋公）に認められた。（操が）栄達して注目を浴びたのは、すべて（橋公が）薦め励ましてくれたからである。かつて、橋公と約束をしたことがある。橋公は、「玄《わたし》が没した後、玄の墓を通り過ぎることがあれば、一斗《と》の酒と一羽の鶏を持ってお祀《まつ》りをしなければ、車が墓を離れること三歩で、（君の）お腹が痛んでも怨まないように」と言われた。親しい間柄でなければ、どうしてこのような言葉が述べられようか。今でも操は、昔を思い出して（橋公の操への）愛顧を思い、悲しみ悼《いた》む。わずかばかりの粗末な供物を捧げよう。橋公よ、これを受けてほしい。

（『三国志』巻一・武帝紀《ぶていき》の注に引く「褒賞令《ほうしょうれい》」）

文学者曹操の橋玄への思いを今に伝える文である。

漢を守ろうという志を語る

曹操は、理想とする橋玄と同じように、辺境で漢のために戦い、功績を挙げることを人生の目標と考えていた時期がある。『魏武故事《ぎぶこじ》』に載せられる「十二月己亥《きがい》令」は、曹操若年の志を自ら次のように語っている。

わたしが始めて孝廉《こうれん》（官僚登用制度）に察挙《さっきょ》（太守に推薦されること）されたときは、年少で、もとより墓穴に暮らして（孝心を示す）名を知られた士などではなかったので、天下の人から、凡庸《ぼんよう》で愚かと見られることを恐れ、一郡の太守《たいしゅ》となって優れた政治と教化を行い、名誉を打ち立て、世の中の士にそれを明らかに知らせたかった。このため済《せい》南国相《なんこくしょう》（国相は太守と同じ規模の国の長官）となると、残虐で汚穢《おわい》な者たちを除き、公平に察挙を行い、宦官たちの意向に背《そむ》くことをした。自ら考えて、権力者たちを怒らせたことが、家の禍を招くことを恐れ、病気を理由に（故郷に）帰った。……しかし意のごとくにはならず、のちに徴召《ちょうしょう》されて都尉《とい》（部隊長）となり、典軍校尉《てんぐんこうい》（新設された霊帝《れいてい》の親衛隊を指揮する西園八校尉《せいえんはちこうい》の一つ）に遷《うつ》った。かくて思いは改められ、国家のために賊を討ち、功を立てようと考えた。諸侯《しょこう》に封建され、征西将軍《せいせいしょうぐん》（漢代を代表する方面軍司令官である四征将軍の一つ。なかでも、羌《きょう》族と戦う征西将軍は漢の将軍の花形）になりたいと思ったのである。そののち墓石には「漢の故《もと》の征西将軍である曹侯の墓」と刻まれる、これがその志であった。しかるに董卓《とうたく》の難に遭遇し、義兵を挙げたのである。

（『三国志』巻一・武帝紀の注に引く『魏武故事』）

これを著した建安十五（二一〇）年、曹操は丞相《じょうしょう》として漢の全権を掌握していた。傀儡《かいらい》としている献帝《けんてい》より、賜与された三万戸のうち、二万戸を辞退する「令」の始まり部分が、この文章である。ここに記されるとおり、曹操はむかし、橋玄に憧れ、漢の征西将軍として、国を守ろうとする志をもっていた。「宦官たちの意向に背くこと」として述べられるように、橋玄から猛政も継承したのである。

なぜ「猛政」が必要だったのか

孝廉に察挙され、洛陽北部尉《らくようほくぶい》（首都洛陽の北部警察長官）となったときから、曹操は、犯罪者を捕らえると権力者とかかわりがあろうが、おかまいなく杖殺《じょうさつ》する猛政を行った。橋玄の政策の継承である。このため、権力者に嫌われて頓丘県令《とんきゅうけんれい》に左遷《させん》された。それでも黄巾《こうきん》の乱が起こると、騎都尉《きとい》（騎兵の指揮官）として潁川《えいせん》黄巾の鎮圧に活躍し、済南国相《せいなんこくしょう》となった。ここでも、管轄の十県のうち、八県の令《れい》と長《ちょう》（長は、人口一万戸以下の県の行政長官）を収賄の罪で罷免《ひめん》する猛政を行っている。「十二月己亥令《きがいれい》」でも触れるのは、このときの猛政である。

猛政を必要としたのは、後漢《ごかん》の章帝《しょうてい》期から励行された『尚書《しょうしょ》』堯典《ぎょうてん》の「五教在寛《ごきょうざいかん》（五つの教えの要諦《ようてい》は寛容にある）」を典拠とする「寛治《かんち》」が、後漢の国家支配を弛緩《しかん》させていたからである。儒教の刑罰は、『尚書』に基づく「五刑《ごけい》」を基本とする。後漢の儒教経義《けいぎ》を定めた『白虎通《びゃくこつう》』でも、五刑は『尚書』に合わせて大辟《たいへき》（死刑）・宮《きゅう》（去勢）・腓《ひ》（あしきり）・劓《ぎ》（はなそぎ）・墨《ぼく》（いれずみ）と定められていた。しかし後漢は、「文帝《ぶんてい》の故事」に基づき、肉刑《にくけい》（腓と劓）を廃止し、その代わりに杖《じょう》（杖打ち）と笞《ち》（鞭打ち）を刑罰に含めていた。ところが、後漢の寛治では、杖も行われず、笞は痛くない鞭を使うこともあったため、死刑とのあいだが開きすぎた。洛陽北部尉になった曹操が、宦官の関係者を杖で殺す猛政を展開した背景には、中間刑が欠如して歪《いびつ》となった刑罰体系を是正したい、という志があった。ここには、漢を正したいとの思いが明確に存在する。

こうした曹操の方向性について、郭嘉《かくか》は次のように高く評価する。

後漢末、政治は寛治により行き詰まったが、袁紹《えんしょう》は寛治によって寛治の行き詰まりを救おうとした。そのため治まらないのである。曹公はこれを矯正するために猛政により、上下は制度を知るようになった。これが政治に勝《まさ》るという（曹操が袁紹に優れる）三点目である。

（『三国志』巻十四・郭嘉伝の注に引く『傅子《ふし》』）

郭嘉は袁紹について、後漢衰退の原因となった寛治をそのまま継承しており、行き詰まっている政治を立て直すことはできない、と批判している。歴史に「もし」は禁物であるが、袁紹が官渡《かんと》の戦いに勝ち、天下を統一したとしても、その政権は後漢の単純再生産にすぎず、新しい時代を切り開くことは難しかったであろう。曹操のように、「もし」曹操がいなければ、中国史の展開が変わる、という重要性を袁紹はもつことはなかった。ここに歴史の偶然性を超える必然性がある。

律令体制の起源

曹操の政治理念とされた猛政の典拠は、『春秋左氏伝《しゅんじゅうさしでん》』である。『春秋左氏伝』は、鄭《てい》の子産《しさん》が行った政治について、孔子が高く評価したことを次のように伝える。

（子産は後継者の子大叔《したいしゅく》に）「わたしが死ねば、必ず君が政治を執《と》ろう。ただ有徳者だけが、寛によって民を服従させることができる。その次の手段は、猛ほどよいものはない。火は烈《はげ》しい。民は望見してこれを恐れる。このため火に死ぬ者は少ない。水は惰弱《だじゃく》である。民は馴《な》れ馴れしくこれを弄《もてあそ》ぶ。このため水に死ぬ者は多い。寛は難しいのである」と言った。孔子は言った、「よいかな（子産の言葉は）。政治が寛であれば民は慢《あな》どる。慢どればこれを糾《ただ》すのに猛を用いる。（政治が）猛であれば民は残《そこな》われる。残われればこれに施《ほどこ》すのに寛を用いる。寛により猛を済《すく》い、猛により寛を済えば、政治はこれによって調和する」と。

（『春秋左氏伝』昭公伝二十年）

これを典拠として、寛治が弛緩してきた後漢の中期ごろから、猛政は主張されていた。猛政を主張する儒者は、寛治の限界を打破するための具体的政策として、肉刑の復活を唱えた。このため、猛政を展開する曹操は、肉刑を復活したかったのである。

「戦国の七雄《しちゆう》」の一つ、韓《かん》の故地にあたる潁川《えいせん》郡は、韓非《かんぴ》子の影響も残り、法の研究が盛んであった。つとに津田左右吉《そうきち》も指摘するように、子産の説話は、『韓非子』にも収録されている。『韓非子』では、子産は火と水とを比べたあと、次のように命じている。

君は必ず君の刑罰を厳しくし、君の惰弱に（民を）溺れさせてはならない。

（『韓非子』内儲説上）

同じ子産の説話を利用しながら、法家の『韓非子』は、寛の政治が有徳者のものであることは述べず、刑罰を厳しくすることのみを主張しているのである。このため、潁川郡の出身者で猛政を良しとした者は、郭嘉にとどまらない。陳羣《ちんぐん》（荀彧《じゅんいく》の娘婿）の父である陳紀《ちんき》も、中間刑の欠如を補うため、肉刑の復活を主張していた。そこで曹操は、潁川郡出身の荀彧に、百官の議論をまとめさせ、刑罰体系のなかに肉刑を組み込もうとしたのである。

しかし、後漢の朝廷では、孔子の子孫である孔融《こうゆう》の肉刑反対論を支持する者が多く、議論は沙汰止みとなった。それでも、曹操は、のち陳羣が魏王国の御史中丞《ぎょしちゅうじょう》となった際に、再び父の議論に基づき、肉刑の長所を主張させた。同じく潁川郡出身の相国《しょうこく》の鍾繇《しょうよう》はこれに賛同したが、郎中令《ろうちゅうれい》の王脩《おうしゅう》の反対論を支持する者が多く、再び議論は打ち切られた。曹操は、先には孔融を処刑し、のちには王脩を左遷する。孔融と親しかった荀彧が、それでも猛政を支持し続けたのは、法の整備により国を建て直そうとする志を曹操と等しくしていたためで

2 「覇者」たらしめた政治力と軍事力の源泉とは?
曹操が目指した理想の政治とはどのようなものだったのか?

あった。

やがて、漢の簒奪《さんだつ》を防ごうとした荀彧は、自殺に追い込まれる。それでも、娘婿であった陳羣は、曹操に仕え続けた。曹操の子曹丕《そうひ》の即位を支持し、九品中正制度を採用させた陳羣は、父の陳紀、そして義父の荀彧の思いを受け継ぎ、荀彧の子である荀詵《じゅんせん》、庾嶷《ゆぎょく》といった潁川名士とともに、曹魏の基本法典となる「新律十八篇《しんりつじゅうはちへん》」の制定に力を尽くした。新律十八篇は、漢の「九章律《きゅうしょうりつ》」（漢の刑法）から五つの律（刑法）を継承しながらも、十三の律を新たに付け加え、令（行政法）の整備にも着手したものである。

このため新律十八篇は、中国最初の律令法典となる西晋《せいしん》の「泰始律令《たいしりつりょう》」の基礎となり、泰始律令の全二十篇のうち十三篇が、新律十八篇より継承されるという、大きな影響を与えたのである。日本にも取り入れられた隋唐《ずいとう》帝国の律令体制は、この延長上に成立する。このように曹操の猛政の尊重は、やがて律令体制を生み出すのであった。

軍事面での曹操の評価はどうだったのか？

袴田郁一

曹操を
理解するための
キーワード
6

青州兵

数十万の精強な黄巾残党を青州兵として手下に置いたことが曹操の群雄からの雄飛を可能にしたといわれるが、曹操軍でどのような存在だったのか？　また、曹操はどのような用兵戦略をもっていたのか？　もう一つの重要な軍事改革である都督制の導入も含め、軍統率者としての実像を探る。

兵法書『孫子』の注釈者

『三国志演義《さんごくしえんぎ》』に、「孟徳新書《もうとくしんしょ》」というアイテムが登場するのをご存じだろうか。いわく、『孫子《そんし》』十三篇になぞらえて、曹操《そうそう》が兵法の奥義《おうぎ》を著したもの」というこの兵法書は、しかし劇中では張松《ちょうしょう》から「〝新書〟とは片腹痛い、これは戦国《せんごく》時代の無名氏の作を曹丞相《じょうしょう》が盗作したもの。蜀《しょく》では童《わらべ》でもこのくらい知っている」とまで言われてしまう。要するに曹操をくさすための小道具にすぎないのだが、『三国志演義』が風刺したくなるほど曹操が兵法の権威として認識されていたことを、この挿話が逆説的に物語るのではないかと、個人的には思う。

というのも、この「孟徳新書」はまったくのフィクションではない。『孫子』のテキストを現在のかたちに整理し、注釈を施したのが、ほかならない曹操なのだ。魏《ぎ》の武帝《ぶてい》（曹操）の注釈なので『魏武注《ぎぶちゅう》孫子』という。後世の『孫子』研究で非常によく読まれ、もちろん全文が現在に伝わる。私たちが目にする『孫子』は、基本的にはすべてこの『魏武注孫子』から出ている。

なお『孫子』の成立に関しては、いくぶん複雑な議論が歴代なされてきた。一般に『孫子』といえば春秋《しゅんじゅう》時代の孫武《そんぶ》の著作とされるが、現在の『孫子』は孫武の原書ではないという疑念も古くからあった。理由は多岐にわたるが、曹操（『魏武注孫子』）よりも古いテキストにさかのぼれないというのがその理由の一つだった。そのため、『孫子』は孫武の名を借りた曹操の偽作ではないか、とさえいわれたこともあった。

結局この議論は、一九七二年に前漢《ぜんかん》時代の『孫子』テキスト（銀雀山漢簡《ぎんじゃくざんかんかん》孫子。山東《さんとう》省臨《りん》沂《ぎ》市の銀雀山から出土した竹簡《ちくかん》に書かれた『孫子』）が出土したことで、現行『孫子』は孫武の『孫子』の原型とほぼ変わらないらしいということでおおむね決着を見た。現在では、時代を経るごとに文章が継ぎ足されたりして肥大化した『孫子』を曹操がそぎ落とし、孫武の原型に近いかたちに再整理したのだろうといわれている。

意外なほどシンプルな曹操の注釈

『魏武注孫子』の注釈としての特徴は、その簡素さにある。歴代の『孫子』注釈者と比べてもその分量差は歴然としていて、注釈者の一人である唐《とう》の詩人杜牧《とぼく》は、曹操の見識を認めつつも、「十のうち一も解説しない」と嘆く。それに曹操自身、「世人の解釈は浅薄なうえに煩《はん》瑣《さ》なので、選り分けて略解した」と自序で説明している。では、実際に曹操の『孫子』解釈を見てみよう。（　）内の太字が曹操の注釈である。

兵は、詭道《きどう》である（**兵に常の形はなく、詭詐《きさ》を道とする**）。ゆえに強くとも弱く見せかけ、勇敢でも臆病に見せかけ、近いものを遠いかのように見せかけ、遠いものを近いかのように見せかける。（敵が）利を求めれば誘い出し、混乱していれば奪い、実《み》ちていれば備え（**敵が充実していれば、備えなくてはならない**）、強ければ避け（**敵の長ずるところを避ける**）、猛《たけ》っていればかき乱し（**敵の気が緩《ゆる》むのを待つ**）、慎重にしていればこれを驕《おご》らせ、安佚《あんいつ》にしていれば疲弊《ひへい》させ（**利によって疲弊させる**）、親密であれば離す（**仲違《なかたが》いによって離す**）。その備えなきところを攻め、その不意を突く。これが兵家のいう「勢」であって、あらかじめ伝えることはできないのである（**伝えることは、まるで洩《も》れるかのようなものだ。「兵に常勢なく、水に常形なし」。敵に応じて変化するため、あらかじめ伝えることはできない。ゆえに敵を計ることは心にあり、機微を察することは目にある**）。

（『孫子』計《けい》篇）

「兵は詭道なり」の一節で知られる段落だが、曹操の注釈は本当にひとことふたことくらいで、それも言葉の意味を説明したり、文章をわかりやすくかみ砕くようなものばかりである。

あるいは、『孫子』で一番有名なフレーズであろう「風林火山」を、曹操がどう注釈しているかといえば、

ゆえに疾《はや》きこと風の如《ごと》く**（何もないところから攻めるのである）**、徐《しず》かなること林の如く**（利を見せないのである）**、侵掠《しんりゃく》すること火の如く**（速いさまである）**、動かざること山の如く**（守ることである）**、知り難《がた》きこと陰《かげ》の如く、動くこと雷霆《らいてい》の如し。

という具合で、これもまことにわかりやすい。

このように、曹操の注はその大半が文章や語彙《ごい》の意味を解説する、いわゆる「訓詁注《くんこちゅう》」である。兵法家曹操の用兵の神髄《しんずい》、なんてものを期待した多くの三国志ファンをがっかりさせてきたことは想像に難《かた》くない。もちろん私もその一人なのだけど。

実戦体験に基づいた二つの記述

ただ、貴重な例外もあった。謀攻《ぼうこう》篇の「用兵の法は、（彼《ひ》我《が》の兵力差が）十倍であればこれを包囲する」という文章につけられた以下の注である。

十倍の兵力でこれを包囲せよとは、将の知勇が等しく、兵の強弱が等しい場合のことである。もし守り手が弱く攻め手が強ければ、(包囲するのに)十倍もいらない。操《わたし》が二倍程度の兵でもって、下邳《かひ》にて呂布《りょふ》を生け捕りにした所以《ゆえん》である。

ここでの曹操は、建安《けんあん》三(一九八)年、呂布を下邳城に追い詰め滅ぼしたという実体験を根拠にして、『孫子』に反駁《はんばく》する。自ら戦場を駆けまわった覇者・曹操にしか書けない注釈だ。ちなみに先ほどの杜牧はこれに対し、「そもそも包囲というのは敵の四方すべてを遠巻きに囲むのだから二倍程度ではとても……」と綿々と再反論していて、これはこれで読ませるだが、いかんせん曹操ほどの説得力はない。後述の渡邉義浩の言葉を借りれば、「机上の空論」の感が否めない。

曹操が実体験を含ませた箇所はもう一つだけある。九変篇《きゅうへん》の「城には攻めざる所がある」という文章に対する、「城が小さくかつ堅固で、備蓄も豊富ならば、攻めてはならない。操《わたし》が華《か》県・費《ひ》県(いずれも、現在の山東省臨沂市)を捨て措《お》いて深く徐《じょ》州に入り、十四県を得た所以である」という注である。正史『三国志』巻一 武帝紀にもたしかに、曹操が徐州攻めで十余県を陥落させたことが記録されている。曹操によれば、「攻めざる所」である華県・

費県の二城にこだわらなかったからこそ、徐州の十余城を得ることができたのである。こちらは先とは違い、『孫子』に従ったことによる成功体験である。ちなみに悪名高い曹操の徐州虐殺は、このとき起こった。しかし注釈を記す曹操にそれを気にかける風はまったくない。

渡邉義浩は、以上の『魏武注』の魅力を、経験知に裏打ちされた具体性と実践性にあるという。曹操は、机上の学問としてのみ『孫子』に注釈をつけたのではない。正史を読むかぎりでも、曹操が実際に『孫子』の理念と兵法に則《のっと》った様子が見て取れる。魏の王沈《おうしん》は「その行軍や用兵は、おおよそ孫子・呉子《ごし》の兵法に依《よ》っていた。事に応じて奇を用い、敵を詐って勝ちを制し、その変化は神のようであった」と曹操の軍事的才気を高く評価し、『三国志』の編者・陳寿《ちんじゅ》もまた、「韓信《かんしん》・白起《はくき》の奇策に通じていた」と古《いにしえ》の名将になぞらえる。

さらに正史によれば、曹操はこのほかに『接要《せつよう》』という自らの兵書も編纂《へんさん》したといい、しかも曹操配下の将軍は出征する際、みな曹操の兵書を携えたともある。君主個人の兵学研究の成果を軍の幹部たちが共有し、実戦に用いていたというのであり、渡邉はこのような例は古今になく、これが曹操軍の強さの理由の一つであっただろうと指摘する。

『魏武注孫子』のわかりやすさは、配下の将軍でもそれを理解し実践できるようにするためだったのかもしれない。

軍事専従集団のルーツとなった青州兵

けれども、曹操はただの名将でもなければ、ただの優れた兵法家でもない。それ以前に、漢の丞相という為政者である。その曹操が布《し》いた多くの政策のうち、軍事制度史上で注目されるものが二つある。一つは青州兵《せいしゅうへい》の編成、もう一つは都督制《ととくせい》である。

青州兵は、初平《へいしょ》三（一九二）年、曹操が兗《えん》州牧《ぼく》（牧は州の長官）を称し群雄としての一歩を踏み出したまさにそのときに編成された。母体となったのは、前州牧の劉岱《りゅうたい》を敗死せしめるほどの精強さを誇った黄巾《こうきん》残党（青州黄巾）である。曹操は劉岱の後任に担がれると、苦難の末に青州黄巾を降し、黄巾の民百万、降伏兵三十万もの大軍を手にした。起兵以来、数千から一万程度の兵力で戦ってきた曹操にとっては望外の大軍であった。清朝《しん》の大学者・何《か》焯《しゃく》はかつて、この曹操の雄飛を「魏武の強、ここより始まる」と評した。

曹魏の軍制史研究を専門にした森本淳によれば、このときに曹操軍がいかに飛躍的な膨張を遂げたかは、曹操の部下の官職からもうかがえるという。それまで曹操の副官（司馬《しば》）にすぎなかった諸将が、この時期を境にそろって校尉《こうい》・都尉《とい》に昇格しだすのである。校尉は司馬に比べより多くの兵を指揮する権限をもつ。軍団の拡張の結果、諸将の権限もまた拡大しなくてはならなかったのだ。

しかし、その契機となった青州兵は、新生曹操軍の中核を担ったと同時に、軍中では異質な集団でもあった。片倉穣は彼らの特質について、①従来の黄巾集団の組織を維持したまま、一個の独立部隊として存在した、②つねに曹操とともに行動し、曹操軍の主要な構成要素となった、③曹操と個人的な紐帯《ちゅうたい》で結ばれ、一定の軍律違反すら看過《かんか》された、と指摘する。たとえば、あるとき于禁《うきん》は、青州兵が曹操からの特別扱いをいいことに味方からも略奪しているのを見て、これを独断で処罰した。そのため周囲は于禁が罪に問われることを心配したという（『三国志』巻十七 于禁伝）。これは結果として曹操が于禁の判断を表彰したことで事なきを得たが、青州兵がこうした無法すらも容認され得た（と周囲が考えていた）ことがうかがえる。

さらに曹操が死去した直後のこと、都に駐屯していた青州兵は曹操の死を知ると、勝手に持ち場を離れ、太鼓を打ち鳴らして去ってしまった（『三国志』巻十五 賈逵《かき》伝《でん》注）。青州兵が曹操個人との結びつきで成り立っていたこと、さらには編成から三十年近くが経った曹操死去時点（二二〇年）でも独立部隊として維持されていたことを物語る。

そもそも漢代の常備軍は、ごく一部を除いて、民からの徴兵で成り立っていた。これに対し青州兵は明らかに徴兵ではなく軍事に専従する集団であり、しかも三十年間も集団を維持していたことから、集団内で兵士身分を世襲していた、言い換えれば兵士だけでなくその家族も含む共同生活集団であったことがわかる。このため曹操の青州兵は、濱口重國などの制度史研究では、後世の兵戸制《へいこせい》のルーツの一つと位置づけられている。

兵戸制とは、兵士とその家族を「兵戸」という、一般の民とは別の戸籍に登録する、一種の兵農分離制度である。兵戸の兵士は、よほどの恩典がないかぎりは兵戸を抜けることができず、父から子へ、子から孫へと兵役義務を世襲させていく。その代償として税負担は軽くされ、また妻をあてがわれるなどの援助を受けることもできたが、むろんそれは国家にとって安定した兵の供給源を確保するためであった。

後漢末、またその後も長く続いた中華の分裂状態において、当然ながら兵の確保は国家の急務だったが、同時に民にとって徴兵はけっして小さくない負担である。そのため民が徴兵という税負担を嫌がり、国家の支配から逃れて豪族の支配下へ奔《はし》る事態が続出した。

曹操の青州兵およびそれを継承した兵戸制は、こうした旧来の徴兵制度の崩壊に対処するための軍事政策だった。兵戸制は、こののち北朝《ほくちょう》系国家で新たな兵農一致制度である府兵《ふへい》制《せい》が確立するまで、魏晋《ぎしん》から南朝《なんちょう》国家において長く施行されることになる。

絶大な権限を許された方面軍司令官

制度史研究において注目されるもう一つの曹操期の政策が、都督制である。

曹操政権の後期、具体的にいえば赤壁《せきへき》で曹操が大敗（二〇八年）を喫して以降のことになるが、曹操の指揮下から離れて一地域の軍事全般を担う、方面軍司令官ともいうべき存在が出現する。荊《けい》州で周瑜《しゅうゆ》・関羽《かんう》と戦った曹仁《そうじん》、西方で馬超《ばちょう》・劉備《りゅうび》と戦った夏侯淵《かこうえん》のような、曹操股肱《ここう》の将軍たちである。

もともと将軍というものは、「君命に受けざる所あり」といわれるほどのきわめて高い専断権をもつ。しかし夏侯淵たち方面軍司令官の権限は、明らかに将軍のそれをも大きく上回った。それは彼らの肩書から知ることができる。

晩年の曹仁は、「大将軍《たいしょうぐん》・都督荊揚益州諸軍事《ととくけいようえきしゅうしょぐんじ》」という官職を帯びた。このうち「大将軍」は伝統ある将軍号なのでわかりやすいが、注目されるのは「都督荊揚益州諸軍事」のほうで、魏晋南北朝時代ではこのような「都督〇〇諸軍事」（〇〇は地域名）を兼ねる将軍が急増する。ではこの「都督」に許された権限とは何か。

都督制研究の石井仁の成果によれば、そもそも軍権は、①軍隊の建設と維持を行う「軍政権」、②軍隊の指揮を行う「統帥権」、③軍隊の秩序維持を行う「軍事司法権」、の三権によって構成される。このうち将軍号のみで許され得るのは①軍政権・②統帥権であり、その将軍を監視するために③軍事司法権をもつ軍目付《ぐんめつけ》が帯同するのが通常である。

しかし都督号は、本質的には③軍事司法権を帯びる。つまり将軍号・都督号を兼ねる方面軍司令官は、その時点で軍中における①②③全権を一手にする。

しかも彼らが帯びた「都督○○諸軍事」とは、「○○地域の軍事全般を監察する」という職能を意味した。つまり都督の権限は一軍中の司法権を超えて、当該地域における諸将軍の軍事行動を監察する＝下級将軍に司令を下すという④司令権にまで及ぶのである。さらにいえば、彼らは担当州の行政長官たる州牧すらも兼任する者が多かった。曹操期に出現した方面軍司令官とは、このように①軍政権・②統帥権・③軍事司法権・④司令権・⑤行政権を兼ね備えることで、担当地域に軍事政府を樹立することを許された存在なのである。

都督制が生む権限の巨大さがイメージできるだろうか。ちなみに、曹操を主人公にしたことで有名な漫画『蒼天航路』は、夏侯淵や曹仁を「王たる将」と表現した。「王」と形容されて不思議ないほどの高い自律性を彼らは許された。

このような独立した方面軍の存在は、古くは楚漢《そかん》戦争で高祖《こうそ》劉邦《りゅうほう》を勝利に導いた斉王韓《せいおうかん》信《しん》に似る。ただし、中華が一統へと向かう過程で抹殺された韓信と異なり、都督制はこののち長らく、魏晋・六朝《りくちょう》時代のおよそ四百年にわたって常態化し、軍事制度の根幹となった。その背景には劉邦の時代とは真逆の、中華の分裂指向がある。華北の寒冷化、それと対照的な江南《こうなん》地域の発展、豪族勢力の伸長など。後漢末から始まる天下の分裂は、たんに漢帝国の腐敗だけが原因ではなく、社会全体が分裂に向かう要因を抱えていたためである。

都督制は、この分裂時代に対応するため、軍事支配によって地方統制を強化するためのものであった。もっとも石井仁が指摘するとおり、都督制自体が中華を分裂へと向かわせる一因にもなったのだが。

曹操の「革新性」とは

最後に一つだけ、注意しなくてはならないのは、こうした曹操の革新的な政策が、曹操個人の資質からのみ出たわけではないということである。

たとえば石井仁の研究で明らかになったように、都督制の理念はもともと曹操が台頭する以前の、霊帝《れいてい》の「牧伯制《ぼくはくせい》」にその源流がある。また青州兵に類似する存在も他の勢力で確認できる（劉焉《りゅうえん》の東州兵《とうしゅうへい》など）。曹操の政策はけっして曹操の独創ではなく、以上の社会の潮流のうえに生まれた。このため石井仁は、曹操が時代から受けたであろう影響・制約を見ずに、いたずらに曹操の英雄性にばかり注目することを強く戒《いまし》めた。
研究史上で曹操が注目されてきたのは、曹操が傑出した存在だからという理由だけではない。曹操という勝者にこそ、時代の潮流がより反映しているのではと考えたからこそなのである。

【参考文献】

石井仁『魏の武帝　曹操』(新人物文庫、二〇一〇年)
片倉穣「曹魏政権の成立過程——とくに曹操軍団と黄巾について」(『歴史教育』一七—三、一九六九年)
金谷治訳注『孫子』(岩波文庫、二〇〇〇年)
浜口重国『秦漢隋唐史の研究』(東京大学出版会、一九六六年)
森本淳『三国軍制と長沙呉簡』(汲古書院、二〇一二年)
渡邉義浩『三国志運命の十二大決戦』(祥伝社新書、二〇一六年)

曹操政権と魏王朝の都、それぞれの役割とは？

渡邉将智

曹操を理解するためのキーワード 7

都城

古代中国王朝における城壁に囲まれた主要都市の姿。古代日本の都の原型として知られる。後漢を継承した魏は、旧都・洛陽をはじめ、曹操以来の政治的・軍事的拠点など、いくつかの都城を有していた。それぞれの都城が担った役割から、曹操の政治活動の変遷をたどる。

2 「覇者」たらしめた政治力と軍事力の源泉とは?

曹操政権と魏王朝の都、それぞれの役割とは?

魏王朝の「五都」

京都市は海外からの観光客にも人気の観光地である。その街並みは、まるで碁盤《ごばん》の目のように、通りが縦横にはしる点が特徴的である。この京都市街の特色が平安京《へいあんきょう》と呼ばれた都《と》城《じょう》にまでさかのぼることはよく知られている。

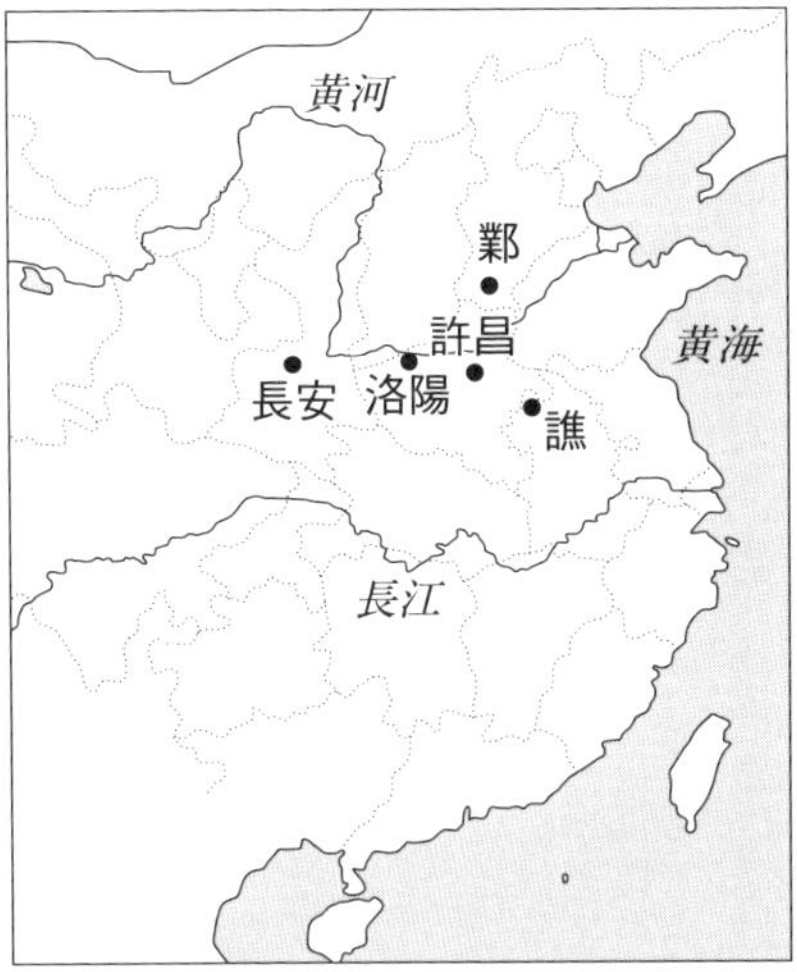

図1　魏王朝の五都（筆者作成）

都城とは、中国古代に由来する都市の形式である。中国の都城は城壁に囲まれ、その内部には、天子《てんし》が住む宮城《きゅうじょう》、天子が遊興や軍事演習のために使用する苑囿《えんゆう》（庭園）、官吏が執務する官衙《かんが》（役所）があった。それらにくわえて、官吏の邸宅や民家、市《いち》（市場）といった人びとの生活に欠かすことのできない施設も設けられていた。ちょうど平安京の内部に、天皇が住む御所と公卿《くぎょう》の邸宅や民家がともに設けられていたのと同じである。

日本の平安京と同様に、中国の都城もまた王朝の都として用いられた。後漢《ごかん》の初代皇帝である光武帝《こうぶてい》は洛陽《らくよう》（現在の河南《かなん》省洛陽市孟津《もうしん》県）に都を置いた。のちに曹操《そうそう》の後を継いだ曹丕《そうひ》も、後漢の献帝《けんてい》から禅譲《ぜんじょう》（天子が自分の位を徳のある人物に譲り渡すこと）を受けて魏《ぎ》王朝（曹魏《そうぎ》）を建国すると、洛陽に都を定めた。魏王朝は、洛陽に長安《ちょうあん》（現在の陝西《せんせい》省西安《せいあん》市未央《びおう》区）・譙《しょう》（現在の安徽《あんき》省亳州《はくしゅう》市譙城《しょうじょう》区）・許昌《きょしょう》（後漢では許《きょ》。現在の河南省許昌市許昌県）・鄴《ぎょう》（現在の河北《かほく》省邯鄲《かんたん》市臨漳《りんしょう》県）をくわえた五つの都市を「五都《ごと》」と呼んだという（『三国志』巻二・文帝紀《ぶんていき》・黄初《こうしょ》二年条の注に引く『魏略《ぎりゃく》』）（図1）。

長安は劉邦《りゅうほう》（高祖《こうそ》）が建国した前漢《ぜんかん》の都で、後漢の歴代皇帝が行幸《ぎょうこう》するなど漢《かん》王朝の旧都として尊ばれていた。譙は曹操の出身地で、曹氏一族の原点ともいうべき都市である。後漢から禅譲を受けた曹氏一族の魏王朝が、長安と譙を尊重したのもうなずける。では、許・鄴・洛陽は、曹操政権と魏王朝にとって、どのような役割を担う都城だったのであろうか。

曹操の飛躍の舞台となった後漢最後の都——許

許は豫《よ》州潁川《えいせん》郡に所属する県である。後漢では全国を州—郡—県に分け、それぞれを地方長官（州の長官は牧《ぼく》・刺史《しし》、郡は太守《たいしゅ》、県は令《れい》・長《ちょう》）に治めさせた。地方政府の官衙の所在地

2 「覇者」たらしめた政治力と軍事力の源泉とは?

曹操政権と魏王朝の都、それぞれの役割とは?

許に遷都した後の曹操の邸宅跡に復元された曹丞相府（河南省許昌市。©beibaoke/PIXTA）

は治所《ちしょ》と呼ばれる。潁川郡の治所は陽翟県《ようてき》であり、許県はその他の県の一つにすぎなかった。

許が歴史の表舞台に登場するのは、建安《けんあん》元（一九六）年のことである。時はさかのぼり初《しょ》平《へい》元（一九〇）年、朝政を壟断《ろうだん》した董卓《とうたく》は、袁《えん》紹《しょう》を盟主とする反董卓連合の進軍から逃れるべく、献帝を長安に連れ去って遷都《せんと》を強行した。董卓が初平三（一九二）年に王允《おういん》・呂布《りょふ》らに謀殺されると、董卓の部将の李傕《りかく》・郭汜《かくし》らは長安を奪取して、王允を殺し、呂布を敗走させる。献帝は李傕・郭汜らの内紛に乗じて長安を脱出し、洛陽に帰還した。この当時、曹操は本拠地の兗《えん》州を張邈《ちょうばく》・呂布から奪い返し、兗州牧に就任していた。さらに、豫州の黄巾《こうきん》集団を討伐して、潁川郡・汝南《じょなん》郡に勢力を拡大した。やがて曹操は参謀の荀彧《じゅんいく》・程昱《ていいく》らの進言を容れて洛陽

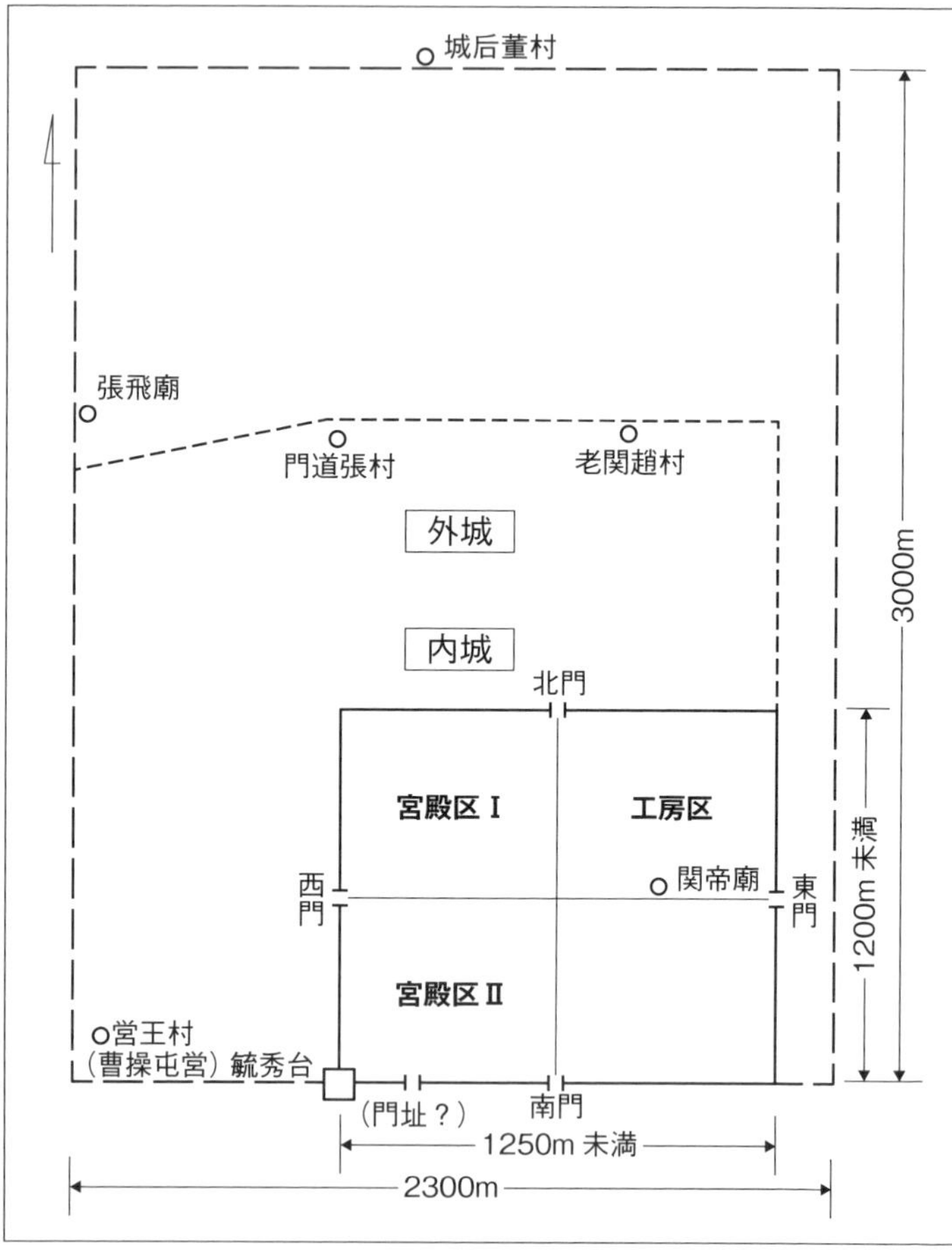

図2　許昌城復元イメージ図
塩沢裕仁「許昌城（張潘故城）推定図」（塩沢裕仁『後漢魏晋南北朝都城境域研究』雄山閣、2013年）を元に作成

2 「覇者」たらしめた政治力と軍事力の源泉とは？

曹操政権と魏王朝の都、それぞれの役割とは？

に軍を進め、献帝を保護する。そして、董昭《とうしょう》の策に従い、献帝を許に迎え入れた。こうして、建安元（一九六）年に献帝は曹操の庇護《ひご》のもと許に遷都した。これ以降、許は許都《きょと》と呼ばれるようになり、曹操によって都市機構が整備されていく。

曹操は建安十三（二〇八）年に丞相《じょうしょう》に就任すると、宰相《さいしょう》として後漢の国政を取り仕切った。許には丞相府《じょうしょうふ》（丞相の幕府）の幕僚である丞相司直《しちょく》の屯営があり、建安二十三（二一八）年に太医令《たいいれい》の吉本《きっぽん》らが反乱を起こしたときには反乱軍の攻撃を受けている。許は後漢の都であると同時に丞相府の所在地でもあり、丞相曹操にとって政治面での拠点であった。

軍事面に注目すると、たとえば建安二（一九七）年に曹操は袁術《えんじゅつ》を征伐するために許から出陣し、勝利を収めたのちに許に帰還した。また、建安元年には兵士と兵糧《ひょうろう》を確保するために許で屯田《とんでん》（174頁参照）を実施し、それをのちに支配領域全体に広げている（『三国志』巻一・武帝紀の注に引く『魏書《ぎしょ》』）。許は曹操が建安九（二〇四）年に冀《き》州牧に就任するまでの主要な軍事拠点でもあった。

曹丕が魏王朝を建国したのち、許は黄初二（二二一）年に許昌と改称された。河南省許昌市許昌県に現存する張潘故城《ちょうはんこじょう》は、後漢・魏の許昌城の遺構と考えられている（図2）。張潘故城の考古発掘調査によると、許昌城には外城《がいじょう》があり、その内部に内城《ないじょう》があった。外城の規模は、東西の長さが二三〇〇メートル、南北の長さが三〇〇〇メートルである。張潘故城の周辺からは、受禅台《じゅぜんだい》（献帝が曹丕に禅譲した建物）や射鹿台《せきろくだい》（曹操と献帝が鹿を射た場所に設けられた建物）のほかに、議台《ぎだい》（曹操が国政と軍事について議論した建物）・観台《かんだい》（曹操が屯田の際に軍事演習を観覧した建物）・練兵台《れんぺいだい》（曹操の屯営）など、丞相曹操の政治活動・軍事行動と密接にかかわる遺構も発見されている（塩沢裕仁『後漢魏晋南北朝都城境域研究』雄山閣、二〇一三年を参照）。こうした考古発掘の成果は、許が曹操政権にとって政治面・軍事面での重要な都城であったことを物語っている。

曹操が拠点とした河北の中心地――鄴

鄴は冀州魏郡に所属する県である。魏郡は冀州の治所で、その郡の治所が鄴県であった。反董卓連合に参加した冀州牧の韓馥《かんふく》は鄴を拠点としていたが、それは冀州の治所が魏郡であったためである。袁紹が韓馥を放逐《ほうちく》して冀州牧に就任すると、鄴は袁氏一族の拠点となった。

建安五（二〇〇）年、袁紹は官渡《かんと》の戦いで曹操に敗《やぶ》れ、その二年後に病死した。河北《かほく》（黄《こう》河《が》北岸地域）の平定に乗り出した曹操は、建安九（二〇四）年に袁尚《えんしょう》（袁紹の末子）が拠《よ》る鄴を陥落させる。曹操は丞相と冀州牧を兼任すると、鄴を新たな拠点と定めて都市機構を整備した。

2 「覇者」たらしめた政治力と軍事力の源泉とは?

曹操政権と魏王朝の都、それぞれの役割とは?

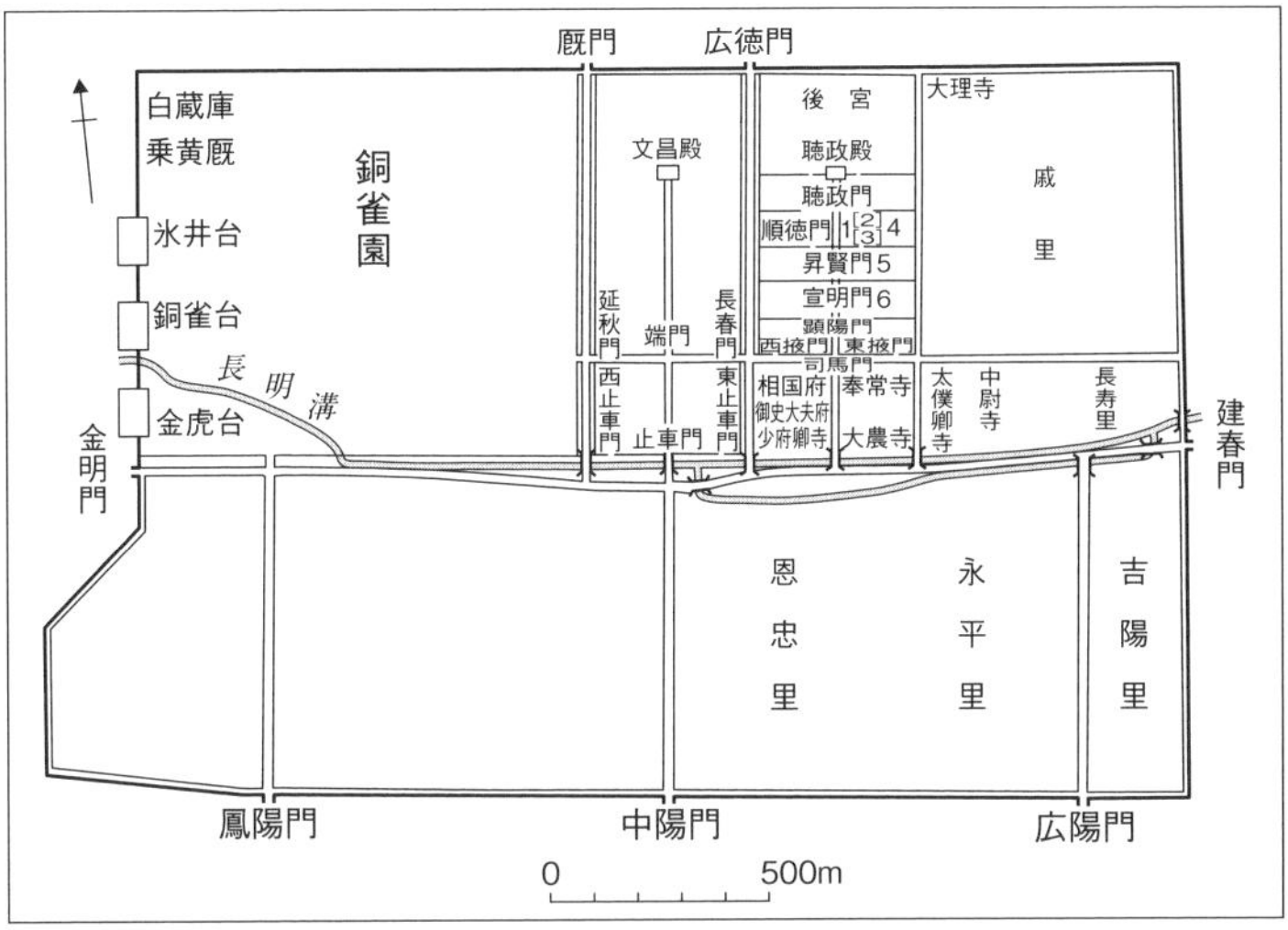

図３　鄴城復元イメージ図
徐光冀「曹魏鄴城平面復原示意図」（徐光冀「曹魏鄴城的平面復原図研究」、中国社会科学院考古研究所編著『中国考古学論叢―中国社会科学院考古研究所建所四〇年紀年―』中国社会科学院考古研究所、1993年）を元に作成
１聴政闥　２納言闥　３崇礼門　４尚書台　５内医署　６謁者台閣、符節台閣、御史台閣

曹操は建安十七（二一二）年に魏郡に近隣の県を組み込み、さらに建安十八（二一三）年には冀州に周辺の郡を併合した。こうして魏郡と冀州の領域は段階的に拡張された。建安十八年、曹操は魏公《ぎこう》の爵位を授けられ、冀州の一部を封地《ほうち》（領地）として与えられる。そして、建安二十一（二一六）年には魏王《ぎおう》に昇格した。このようにして鄴は魏公国・魏王国の都となった。冀州牧・魏公・魏王を歴任した曹操にとって、鄴は政治面での拠点であった。

建安十三（二〇八）年、曹操は荊《けい》州の劉表《りゅうひょう》を征伐するにあたり、鄴から出陣した。また、建安十九（二一四）年には鄴の守備を子の曹植《そうち》にまかせて、孫権《そんけん》の討伐に向かっている。これとは逆に、建安九（二〇四）年に冀州牧に就任して以降、曹操が許から出陣した記録は乏しくなる。鄴は許に代わって、曹操政権の主要な軍事拠点としての役割も担うようになった。

　後漢・魏の鄴城の遺構は河北省邯鄲市臨漳県に現存する（図3）。曹操の陵墓（高陵《こうりょう》）とされる西高穴《せいこうけつ》二号墓（河南省安陽《あんよう》市安陽県）からは、東に約一三キロに位置している。鄴城は北城《ほくじょう》と南城《なんじょう》に分かれており、北城は後漢・魏において使用された部分、南城は北朝《ほくちょう》の東魏《とうぎ》（五三四〜五五〇年）が都を置いたときに増築した部分にあたる。一九八三〜八四年に行われた考古発掘調査によると、北城の規模は、東西の長さが北辺は二四〇〇メートル、南辺は二六二〇メートルであり、南北の長さが一七〇〇メートルである。その内部には、正殿《せいでん》にあたる文昌殿《ぶんしょうでん》のほかに、聴政殿《ちょうせいでん》（君主が政事を聴いた建物）や魏王国に所属する官僚たちの官衙（相国府《しょうこくふ》・御史大夫府《ぎょしたいふふ》・奉常寺《ほうじょうじ》・大農寺《だいのうじ》・太僕卿寺《たいぼくけいじ》・中尉寺《ちゅういじ》・大理寺《だいりじ》・郎中令府《ろうちゅうれいふ》）など、魏公国・魏王国を統治するために必要な施設が設けられたという（『文選《もんぜん》』巻六所収の左思《さし》「魏都《ぎと》賦《ふ》」およびその李善《りぜん》注）。

　北城の北西部分には銅雀園《どうじゃくえん》という苑囿《えんゆう》があり、そこには銅雀台《どうじゃくだい》・氷井台《ひょうせいだい》・金虎台《きんこだい》などの建物があった。銅雀園に禁軍《きんぐん》（近衛軍）が駐屯していたことや、銅雀台などが漳水《しょうすい》（後漢時代〜三国時代に鄴城の北を流れていた河川)を利用した水攻めに最後まで耐えられるよう標高の高い場所に建造されたことなどから、曹操は鄴城を設計するにあたり軍事面を重視していたとする見方もある(佐川英治「鄴城に見る都城制の転換」窪添慶文編『魏晋南北朝史のいま』勉誠出版、二〇一七年所収を参照)。鄴は冀州の治所、のちには魏公国・魏王国の都として、防衛の面にも十分に配慮されていた。

鄴とは曹操政権を政治・軍事の両面で支える重要な都城であった。ただし、曹操は冀州牧と丞相を兼任し、また魏公・魏王となったあとも丞相にひきつづき就任した。丞相府の所在地である許は、のちに魏王国の都となる鄴とならんで、曹操の政治活動を支える拠点であり続けたのである。

太極殿をそなえる魏王朝の都――洛陽

洛陽は、光武帝が後漢を建国してから百六十五年間の長きにわたり、都として栄えた。しかし、董卓が長安への遷都を強行したとき、洛陽の宮殿は焼き払われ、後漢の歴代皇帝の陵墓も盗掘された。のちに長安・許へと都が遷《うつ》り、さらに曹操が許・鄴を政治面・軍事面での拠点とするなかで、後漢の旧都・洛陽はその重要性を低下させたようである。

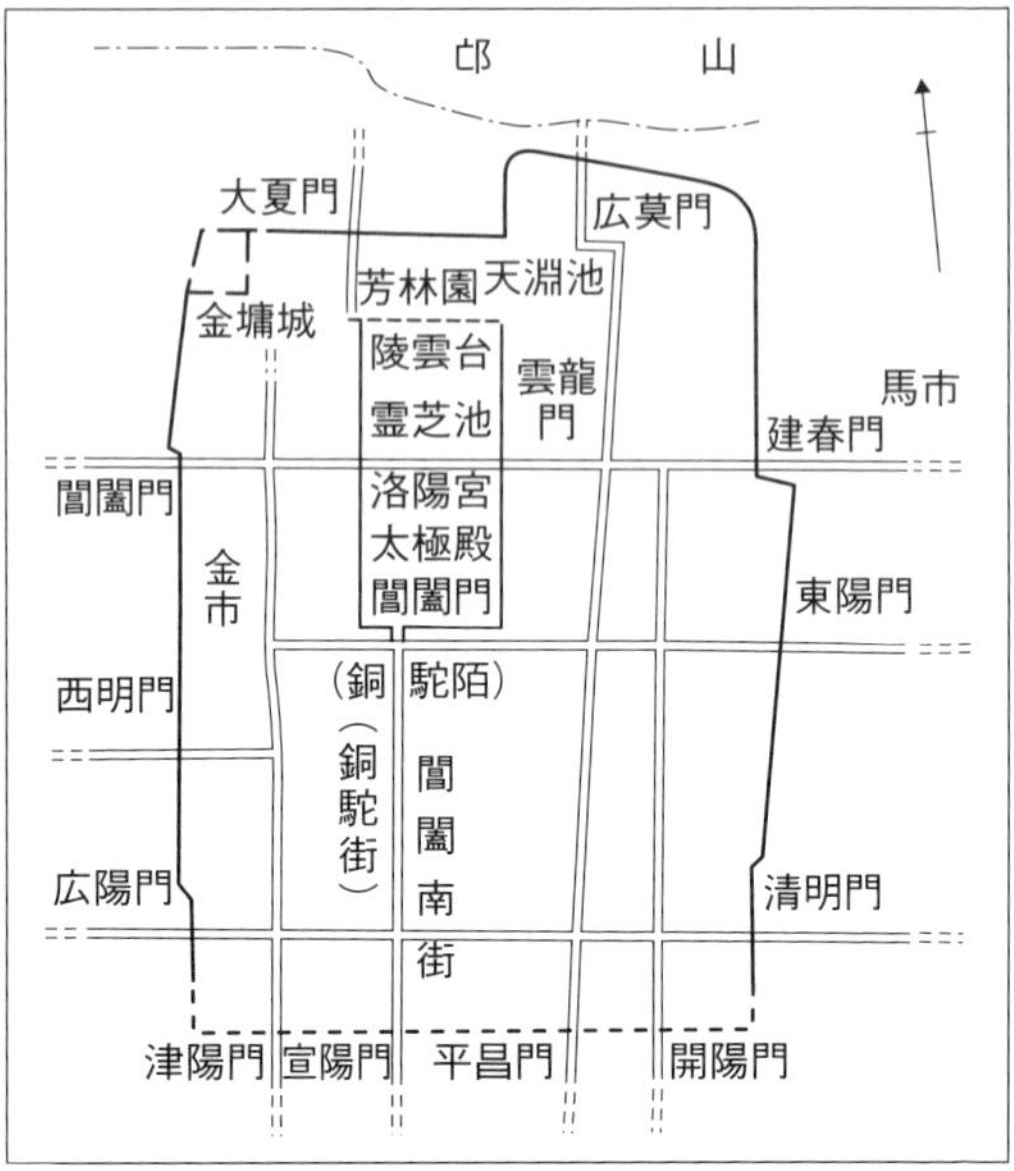

図4　洛陽城復元イメージ図
銭国祥「魏晋洛陽城平面布局復原示意図」(銭国祥「漢魏洛陽城址研究」『考古』2003年第7期、2003年)を元に作成

曹操は許・鄴の都市機構を整備する一方で、荒廃した洛陽の本格的な復興には着手しなかった。軍事面においても、曹操は許・鄴からしばしば出征したが、洛陽から出陣した記録は少ない。

曹操は関羽《かんう》を征伐する際には洛陽から出陣している。建安二十四(二一九)年、曹操は劉備《りゅうび》と漢中《かんちゅう》(現在の陝西省漢中市)で戦ったのち、長安を経由して洛陽に帰還した。そのころ荊州では、関羽の軍勢が曹仁《そうじん》の拠る宛《えん》(現在の河南省南陽《なんよう》市宛城《えんじょう》区)を包囲していた。曹操は徐晃《じょこう》を援軍として派遣するとともに、自らも洛陽から出陣する。だが、関羽が徐晃と戦って敗走し、宛の包囲が解かれたため、建安二十五(二二〇)年に洛陽に帰還した。曹操はその直後に洛陽で病死する。このとき曹操が洛陽から出陣したのは、漢中からの帰路の途中、宛が包囲されるとい

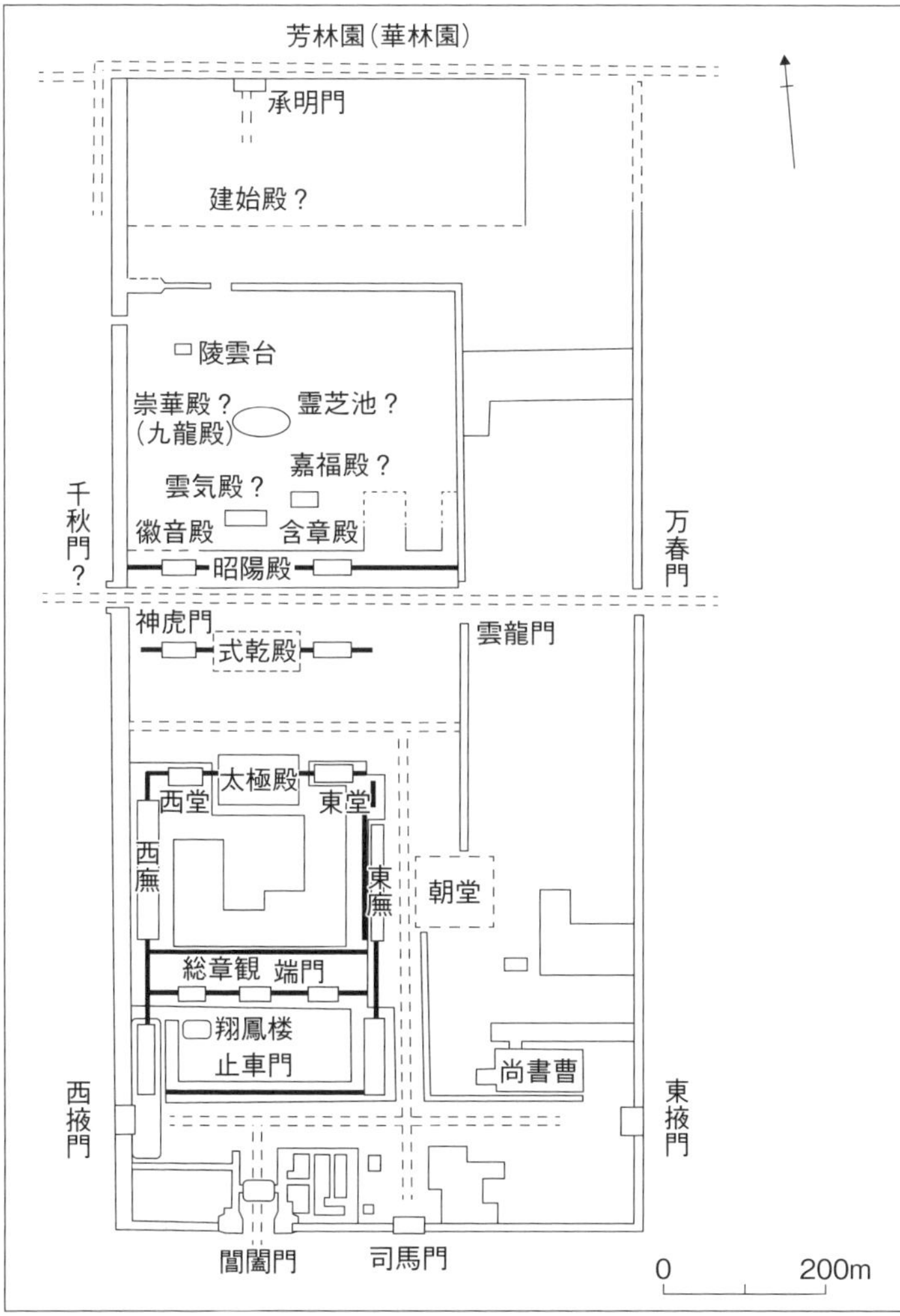

図5　洛陽城復元イメージ図
銭国祥「曹魏・西晋洛陽宮城復原示意図」(銭国祥「魏晋洛陽都城対東晋南朝的影響」『考古学集刊』第18集、2010年)を元に作成

世界文化遺産に登録されている漢魏洛陽故城。曹魏の後は西晋がこの地に都を置いた（河南省洛陽市。©beibaoke/PIXTA）

う緊迫した事態に急ぎ対処するためであった。曹操政権は、後漢の現在の都である許と魏公国・魏王国の都である鄴に比べると、後漢の旧都・洛陽をさほど重要な拠点とは考えていなかったのである。

洛陽が繁栄を再び取り戻したのは、この地に魏王朝の都が置かれてからである。黄初元（二二〇）年、文帝《ぶんてい》（曹丕）は洛陽宮《らくようきゅう》と呼ばれる宮城を建造した。のちに明帝《めいてい》（曹叡《そうえい》）は洛陽宮を修築して、芳林園《ほうりんえん》（のちに華林園《かりんえん》と改称）という苑囿を造営し、青龍《せいりゅう》三（二三五）年には昭陽殿《しょうようでん》・太極殿《たいきょくでん》・総章観《そうしょうかん》と称する宮殿を建造した。

後漢～北魏《ほくぎ》の洛陽城の遺構は漢魏洛陽故城と呼ばれている（図4・図5）。中国社会科学院考古研究所を中心に、日本の奈良文化財

2 「覇者」たらしめた政治力と軍事力の源泉とは?

曹操政権と魏王朝の都、それぞれの役割とは?

研究所も加わるなどして考古発掘調査が行われ、現在までに北魏の大城《たいじょう》（内城）の城壁が発見された。その規模は、東西の長さが北辺は三七〇〇メートル、南辺は洛河《らくが》に流され残存せず、南北の長さが東辺は三八九五メートル、西辺は四二九〇メートルである。大城の内部からは、北魏の太極殿・閶闔門《しょうこうもん》（宮城の門）や永寧寺《えいねいじ》という仏教寺院の遺構が発見された。また、大城の西北の隅には魏の明帝が建造した金墉城《きんようじょう》の遺構が現存する。大城の南側では、洛河の南岸から後漢の太学《たいがく》（高等教育機関）・明堂《めいどう》（祭祀《さいし》を行う建物）・霊台《れいだい》（祭祀ののちに雲気を観《み》る建物）の遺構も発見された（塩沢裕仁『千年帝都洛陽——その遺跡と人文・自然環境』雄山閣、二〇一一年を参照）。

太極殿は魏王朝の洛陽宮の正殿である。魏王朝が滅び西晋《せいしん》が洛陽に都を置いて以降もひきつづき使用された。西晋の滅亡後も、太極殿と呼ばれる宮殿は、北魏の洛陽城や南朝《なんちょう》の建康《けんこう》城《じょう》（現在の江蘇《こうそ》省南京《なんきん》市）、唐《とう》の長安城に受け継がれていく。そのため、北魏の太極殿の遺構は、魏王朝の太極殿の構造を考えるうえで注目されている。

太極殿の「太極《たいきょく》」とは、宇宙の根源にあたる「太一《たいいつ》」のことである。「太一」は紫微宮《しびきゅう》という星座に含まれる星の名でもある。紫微宮は天の中心にある星座で、北極星の近くに位置し、天を支配する天帝《てんてい》（上帝《じょうてい》）が住む宮殿と考えられていた。明帝は天下を支配する天子の宮殿に、天帝の宮殿に由来する名称をつけたのである。宇宙の中心にある星座の名を天子の宮殿の名に初めて使用した点に、魏王朝の太極殿の革新的な面を見出す見解もある（吉田歓『古代の都はどうつくられたか――中国・日本・朝鮮・渤海』吉川弘文館、二〇一一年を参照）。

三国時代には、魏王朝と呉《ご》（孫呉《そんご》）・蜀《しょく》（蜀漢《しょくかん》・季漢《きかん》）の三国が鼎立《ていりつ》していた。こうした状況のなかで、魏王朝は自らが天下の支配者であることを、太極殿の建造によって示そうとしたのかもしれない。後漢末期に荒廃した洛陽は、文帝・明帝による洛陽宮・太極殿の建造を経て、魏王朝の都としての威容を備え、北魏の洛陽城まで続く都城の基礎を築いたのである。

許・鄴・洛陽と魏王朝

以上に述べた三つの都城の役割をまとめると、次のとおりである。

許……後漢の最後の都、丞相府の所在地
鄴……冀州の治所、魏公国・魏王国の都
洛陽……後漢の旧都、魏王朝の都

許と鄴は、丞相と冀州牧、丞相と魏公・魏王を兼ねる曹操にとって、政治・軍事の両面で重要な拠点となった。それにともない、洛陽の重要性は次第に低下していく。しかし、魏王朝が建国されると、洛陽では都市機構の整備が進められ、王朝の都としての威厳を取り戻し

2 「覇者」たらしめた政治力と軍事力の源泉とは?

曹操政権と魏王朝の都、それぞれの役割とは?

ていく。曹操の飛躍を支えた許・鄴と、魏王朝の皇帝が君臨する洛陽は、その役割ゆえに長安・譙とならぶ「五都」に数えられたのであった。

人材登用にどんな特徴があるのか？

髙橋康浩

曹操を理解するためのキーワード 8

唯才主義

他人に仕えていた者、素行が悪い者、性格に難がある者でも、才能を認めれば積極的に登用していった曹操のもとには、荀彧をはじめとする多才な人材が集まった。このような唯才主義は、曹操の霸業にとってどのような意味があったのか？

参謀集団の中核をなす荀彧と潁川人士

三国曹魏《さんごくそうぎ》の基礎を築いた曹操《そうそう》は、政治・軍事・文学等々、多くの才能に恵まれた。曹魏は三国で最大の勢力となるが、もちろん曹操の手腕だけでそれを成し得たわけではない。彼を支える人材があってこそのものである。なぜ曹操のもとに有能な人材が集まったのか、曹操の人事方針はいかなるものであったのか、それを取り上げてみたい。

曹操が覇権を確立するにあたって、大きな役割を果たしたのが荀彧《じゅんいく》であった。荀彧は豫州《よ》潁川《えいせん》郡潁陰《えいいん》県（現在の河南省許昌《かなんしょうきょしょう》市）の人であり、兄の荀諶《じゅんしん》や、辛評《しんぴょう》・郭図《かくと》らとともに袁《えん》紹《しょう》に仕えた。しかし、荀彧は袁紹を大事を成し得ぬ人物と判断して、曹操に仕え直す。初平《しょへい》二（一九一）年、荀彧に会った曹操は、彼を「吾の子房《しぼう》」と評し、漢《かん》の高祖劉邦《こうそりゅうほう》を支えた謀臣張良《ちょうりょう》（字《あざな》は子房）になぞらえて歓迎したのである。当時の潁川郡は、隣接する汝南《じょなん》郡と並んで、英才を輩出する地域として知られていた。荀彧の一族は代々儒教を修めてきた家柄であり、英才たちと広く交友関係をもつ。曹操はその人脈が欲しかったのであり、荀彧もまた、それをもとに人材を推挙する。

荀彧の祖父で後漢の朗陵侯であった荀淑を祀る漢荀氏八龍塚（河南省許昌市。©beibaoke/PIXTA）

2 「覇者」たらしめた政治力と軍事力の源泉とは？
人材登用にどんな特徴があるのか？

前後に挙《あ》ぐる所の者は、命世《めいせい》の大才なり。邦邑《ほうゆう》は則《すなわ》ち荀攸《じゅんゆう》・鍾繇《しょうよう》・陳羣《ちんぐん》、海内《かいだい》は則ち司《し》馬宣王《ばせんおう》、当世の知名を引致《いんち》するに及びては郗慮《ちりょ》・華歆《かきん》・王朗《おうろう》・荀悦《じゅんえつ》・杜襲《としゅう》・辛毗《しんぴ》・趙儼《ちょうげん》の儔《ともがら》なり。終《つい》に卿相《けいしょう》と為《な》るものは、十数人を以《もっ》てす。士を取るに一揆を以てせず、戯志《ぎし》才《さい》・郭嘉《かくか》らは負俗《ふぞく》の譏《そしり》有り、杜畿《とき》は簡傲《かんごう》にして文少なく、皆智策を以て之を挙げ、終に各々名を顕《あらわ》す。（『三国志』巻十・荀彧伝の注に引く『彧別伝《いくべつでん》』）

荀彧は、同郷の潁川郡からは荀攸・鍾繇・陳羣、郡を越えては司馬懿《しばい》、また当時名声の高かった郗慮・華歆・王朗・荀悦・杜襲・辛毗・趙儼といった人びとを招聘《しょうへい》した。大臣にまで昇った者は十数人いた。荀彧の人物評価の基準は一様でなく、戯志才・郭嘉らは世俗に背を向けた生き方をし、杜畿は気位《きぐらい》が高く飾り気のない人物であったが、みな智謀にすぐれ、最後はそれぞれ名声をあげたという。ここに名があがっている十四人のうち、潁川郡出身者は八人にのぼる。曹操は謀臣として高い能力を発揮する彼らを通じて、乱世の的確な情報を入手し、それに基づく状況判断を行った。荀彧を中心とする潁川人士は、曹操の参謀集団を構成したのである。

これらのなかでも、曹操がとくに高く評価したのが郭嘉であった。郭嘉も荀彧と同じく潁川郡の出身であり、かつて袁紹陣営に属していたが、袁紹に見切りをつけて立ち去る。おりしも、曹操は謀臣の戯志才を失っており、新たな計略の相談相手を欲していた。そこで荀彧は郭嘉を曹操に推挙したのである。郭嘉と議論を交わした曹操は、「わたしに大事を完成させてくれるのは、この男だ」と評し、郭嘉もまた、「このお方こそ、まことの主君だ」と喜び、互いを認め合った。しかし、優れた智謀の持ち主である郭嘉も、素行はお世辞にも立派とはいえなかった。同僚の陳羣《ちんぐん》は彼の素行の悪さをたびたび糾弾《きゅうだん》したが、郭嘉は意に介さなかった。荀彧もそれを咎《とが》めず、曹操もますます郭嘉を重用したという。曹操は、荀彧のようにかつて他人に仕えていた者、戯志才・郭嘉のように素行の悪い者、杜畿のように性格に難のある者でも、才能を認めればそれらを受け入れたのである。

官渡の勝利の背景には果断な人材運用があった

曹操が河北《かほく》（黄河《こうが》北岸地域）を掌握するうえで最大の障害となったのが袁紹である。あるとき、荀彧は曹操と旧主の袁紹とを対比して論じ、曹操の勝《まさ》っている点の一つとして、人材登用のあり方をあげた。

（荀）彧曰く、「古の成敗とは、誠に其の才有らば、弱しと雖《いえど》も必ず彊《つよ》く、苟《いやし》くも其の

2 「覇者」たらしめた政治力と軍事力の源泉とは?

人材登用にどんな特徴があるのか?

人に非ざれば、彊しと雖も弱きに易《か》ふ。劉《りゅう》（邦《ほう》）・項《こう》（羽《う》）の存亡は、以て観るに足れり。今　公と天下を争ふ者は、唯《た》だ袁紹のみ。（袁）紹の貌　外は寛にして内は忌《い》み、人に任じて其の心を疑ふ。公は明達にして拘《こだわ》らず、唯だ才の宜しき所なり。此れ度の勝れるなり。」と（『三国志』巻十・荀彧伝）。

荀彧は両者の人となりについて、袁紹は外面こそ寛容に見えるものの、内面は猜疑心《さいぎしん》が強く、人を登用しておきながら、その心を疑う人物であると分析した。対して、曹操は聡明で物事にこだわらず、適材適所の登用を心掛けているとして、その度量を評した。ちなみに、郭嘉も同じような分析を下している。この「唯才《ゆいさい》」という方針こそが曹操の人材登用の特徴であった。

建安五（二〇〇）年、曹操と袁紹は官渡《かんと》の戦いで雌雄を決する。両軍は一進一退の攻防を続けたが、戦闘が長期化してくると、曹操軍の輸送が滞《とどこお》り始め、さしもの曹操も弱気になる。このとき、袁紹軍の謀臣許攸《きょゆう》が曹操に帰順してきた。許攸は袁紹に献策を無視され続けたため見限ったのである。まさに荀彧・郭嘉の分析どおりであった。許攸は烏巣《うそう》で兵糧《ひょうろう》を守る淳《じゅん》于《う》瓊《けい》への攻撃を曹操に進言した。これを疑う者もいたが、荀攸と賈詡《かく》が勧めたため、曹操自ら兵を率いて烏巣に奇襲をかけ、袁紹軍の兵糧を焼き払った。帰順して間もない人物の意見を採用する曹操の度量と果断さは、袁紹にはないものであった。これにより袁紹軍は瓦解《がかい》したのである。勝利の結果、袁紹軍の輜重《しちょう》（軍需品）・図書・珍宝をことごとく手に入れ、その兵を捕虜とした。また軍中の人びとが袁紹に宛てた内通の書簡を収めたが、曹操はこれをすべて焼き、不問にした。袁紹の本拠地であった冀《き》州の諸郡の多くは城邑《じょうゆう》をあげて降伏する。その後、曹操は郭嘉の献策に従って袁紹の旧臣の士大夫《したいふ》（エリート官僚）たちを登用し、統治の安定を図る。

建安七（二〇二）年に袁紹が病死すると、曹操は袁紹の長男袁譚《えんたん》と三男袁尚《えんしょう》の不仲につけこみ、内紛を誘って勢力を弱めた。さらに袁氏を幽《ゆう》州、遼西《りょうせい》、遼東《りょうとう》へと追い詰め、ついに勢力を一掃することに成功する。そこに荀彧・郭嘉らの献策があったことはいうまでもない。建安十二（二〇七）年、曹操は冀・幽・青《せい》・并《へい》の四州を手に入れ、河北平定を果たした。この後、凱旋《がいせん》した曹操は丞相《じょうしょう》に就任する。

「短歌行」で示した人材確保への強い思い

ところで、曹操は政治家・軍略家として卓越するが、一方で文人としても名を知られる。生涯に多くの文学作品を物しており、その一つ、「短歌行《たんかこう》」という詩のなかでは自らの政治理念を歌っている。そこに次のような一節がある。

山不厭高　海不厭深　　山は高きを厭《いと》はず　海は深きを厭はず
周公吐哺　天下帰心　　周公　哺《ほ》を吐きて　天下　心を帰《き》せり

山は土を受け入れるからこそ、どこまでも高くなり、海は水を受け入れるからこそ、どこまでも深くなる。人材収集も同様である。ここに登場する周公《しゅうこう》（名は旦《たん》）とは、殷周革命を果たした周の武王《ぶおう》の弟であり、武王の死後は摂政として成王《せいおう》（武王の子）を支えた古《いにしえ》の聖人である。『史記《しき》』魯周公世家《ろしゅうこうせいか》や『韓詩外伝《かんしがいでん》』によれば、周公はたとえ洗髪中であっても洗いかけの髪を握り、たとえ食事中であっても食べかけのものを吐き出して、いそいそと客人を出迎えたため、天下の人びとは心を寄せたという。曹操はこの「握髪吐哺《あくはつとほ》」の故事を踏まえつつ、自らを周公になぞらえて、積極的な人材登用を行うという理念を宣伝したのである。

唯才主義の布告

建安十三（二〇八）年七月、曹操は天下統一に向けて南征を行い、荊《けい》州に侵攻した。荊州

荊州を治めた劉表が築いた襄陽城。曹操は降伏した劉表旧臣たちも登用した。現存する城壁は明代のもの（湖北省襄陽市）

を治めていた劉表《りゅうひょう》はこれとほぼ時を同じくして病死し、次子の劉琮《りゅうそう》が後を継ぐ。だが、劉琮は曹操に抵抗することなく降伏した。その際、曹操は劉表・劉琮の臣下であった蔡瑁《さいぼう》・蒯越《かいえつ》・韓嵩《かんすう》らを登用した。蔡瑁は曹操と旧知の間柄であり、丞相司馬《しば》（丞相府の幕僚）・長水校尉《ちょうすいこうい》（宿営の兵をつかさどる武官）といった官を歴任する。蒯越は智謀に長《た》け、曹操に「荊州を収めたことを喜びはしないが、蒯越を手に入れたことは喜ばしい」と言わしめた人物である。曹操は劉表の旧臣を韓嵩に評価させ、それに基づいて人事を行ったという。

　そして十二月、長江《ちょうこう》で曹操軍対孫権《そんけん》・劉《りゅう》備《び》連合軍の戦闘が行われた。赤壁《せきへき》の戦いである。しかし、曹操軍は水上戦に不慣れなうえ、北方からの行軍で兵士に疲労がたまっていた。しかも疫病《えきびょう》が蔓延《まんえん》してまともに戦えなかったのである。大敗した曹操は北方へ撤収した。この敗戦は曹操の天下統一の野望をくじき、戦略の修正を迫ることになる。曹操は故郷の沛国《はい》譙《しょう》県（現在の安徽《あんき》省亳州《はくしゅう》市）で水軍を整え、芍陂《しゃくひ》（現在の安徽省淮南《わいなん》市寿《じゅ》県）に大規模な屯田《とんでん》を開き、孫権との戦いに備える一方、広く天下の人材を求める布告を発した。

（建安）十五年春、令を下して曰《いわ》く、「……若《も》し必ず廉士《れんし》にして而《しか》る後に用ふ可《べ》くんば、則ち斉桓《せいかん》は其れ何を以てか世に覇《は》たる。今天下に褐を被《き》て玉を懐《いだ》きて渭浜《いひん》に釣る者有ること無きを得んや。又嫂《あによめ》を盗み金を受けて未だ無知に遇はざる者無きを得んや。二三子は其れ我を佐《たす》けて仄陋《そくろう》を明揚し、唯《た》だ才のみ是れ挙げよ。吾得て之を用ゐん」と。

（『三国志』巻一・武帝紀《ぶていき》）

建安十五（二一〇）年、曹操は斉《せい》の桓公《かんこう》を覇者たらしめた春秋《しゅんじゅう》時代の管仲《かんちゅう》のように清廉でない者であっても、周《しゅう》代の太公望呂尚《たいこうぼうりょしょう》のように貧しい身なりの者であっても、前漢時代の陳平《ちんぺい》のように兄嫁と密通し賄賂《わいろ》を受け取るような者であっても、才能だけを基準にして登用することを明らかにした。このような曹操の登用方針は「唯才主義」といわれる。方針自体は以前から採《と》っており、郭嘉のような素行に問題がある人物を重用したのはその一例であったが、天下に布告したのは初めてであった。これは漢代の登用制度とは対照的といってよい。

儒教理念との対立にともない悪化していく荀彧との関係

漢代は儒教を身につけた者を官僚とする郷挙里選《きょうきょりせん》という制度をとっていた。これにはいくつかの登用科目があり、一般的なものを孝廉科《こうれん》という。孝廉とは、親孝行であったり清廉であるといった儒教的な徳目を基準として、太守《たいしゅ》（郡の行政官）がその評判を有する人物を中央政府に推挙するというものであった。つまり、儒教が人事に影響を与えたのである。曹操は赤壁の敗戦を機に、漢を滅ぼして新たな国家を建てる準備に取りかかった。渡邉義浩『西晉「儒教國家」と貴族制』によれば、「唯才主義」は、性（生まれながらの性質）が善良な者は官僚としての才能も優れているとする儒教への異議申し立てであるという。曹操はこの布告を通じて、漢代の伝統的名教である儒教の枠組みを乗り越えようとしたのである。漢の復興を目指していた荀彧との関係は、ここから急速に悪化していく。

建安十二（二一二）年、幕僚の董昭《とうしょう》は九錫《きゅうせき》の賜与と曹操の魏公就任を提案した。九錫とは天子のみが使用できる九つの器物であり、これを賜わることは、天子の権威の委譲を意味する。董昭からこの件の相談を受けた荀彧は、次のように答えた。

(荀)彧以為《おも》へらく、「太祖本《もと》より義兵を興《おこ》して、以て朝を匡《ただ》し国を寧《やす》んじ、忠貞の誠を秉《と》り、退譲《たいじょう》の実を守る。君子は人を愛するに徳を以てす。宜しく此《かく》の如《ごと》かるべからず」と。

(『三国志』巻十・荀彧伝)

曹操が義兵を興したのは、それにより漢の朝廷を匡し国家を寧んじ、忠貞の誠をとり、自らはへりくだって実を守るためであった。君子は人を愛する際に徳を用いるものゆえ、そのような勧進《かんじん》をすべきではないとした。荀彧は「忠貞」や「徳」といった儒教理念を掲げて猛反対したのである。これにより曹操と荀彧の対立は決定的となった。荀彧は曹操の孫権討伐に随行したが、病気のため寿春《じゅしゅん》(現在の安徽省淮南市寿県)に留まり、憂悶のうちに没した。あるいは、曹操によって自殺に追い込まれたともいわれる。いずれにせよ、曹操を支えてきた最大の功臣は、あえない最期を迎えた。なお、この翌年に曹操は九錫を賜与され、魏公に就いている。

儒教を完全に乗り越えることができなかった曹操

建安十九（二一四）年、曹操は再び「唯才主義」を布告し、さらに三年後の建安二十二（二一七）年に三度目の布告をした。それにあたって、前年の建安二十一（二一六）年に曹操は崔琰《さいえん》を殺害している。崔琰は袁紹の旧臣にして、河北に影響力をもつ儒教官僚であった。これも荀彧の死と同質の事件であり、曹操による儒教攻撃の一環といってよい。繰り返すが、「唯才」はかねてからの曹操の方針であった。それを天下に布告したことで、漢の権威を支えていた儒教に対する異議申し立てとなったのである。ただし、曹操ほどの天才であっても儒教の枠組みを完全に乗り越えることはできなかった。蜀漢・孫呉という敵の存在により、儒教官僚との妥協を余儀なくされたのである。

折しも曹操は、長男曹丕と抜群の文学的才能をもつ三男曹植《そうち》のどちらを後継者にすべきか迷っていた。結局、儒教の「嫡長子相続」の理念に基づき曹丕を推す官僚層の意向を無視できず、曹丕を後継者に指名し、陳羣・司馬懿らかつて荀彧に推挙された者を輔佐《ほさ》に任じたのである。そして曹操は漢を滅ぼすことなく、建安二十五（二二〇）年に没した。

曹丕の代になると、陳羣の献策により九品中正《きゅうひんちゅうせい》制度という新たな官僚登用制度が導入された。これは郡に置かれた中正官《ちゅうせいかん》が、仕官希望者へ郷里の名声に応じて一品から九品までの郷品《きょうひん》を与え、それに対応した官品《かんぴん》(官職を九等にランク付けしたもの)の職に就く資格を得るというものである。渡邉義浩『三國政權の構造と「名士」』が指摘するように、郷品を定める価値基準の根底には儒教の「孝」が置かれており、「孝」を蔑ろにすることが郷品を下げる際の理由とされていたのである。いわば、この制度は曹操の「唯才主義」に対する陳羣ら儒教官僚側からの反撃であった。

【参考文献】
石井仁『曹操　魏の武帝』(新人物往来社、二〇〇〇年。二〇一〇年に文庫版が刊行)
渡邉義浩『三國政權の構造と「名士」』(汲古書院、二〇〇四年)
渡邉義浩『西晉「儒教國家」と貴族制』(汲古書院、二〇一〇年)

どのような異民族政策をとっていたのか？

長谷川隆一

曹操を理解するためのキーワード 9

異民族

北方の匈奴、烏桓、鮮卑。西方の羌――。時に王朝の存亡をも左右した辺境の動向。後漢のもとで異民族対策に従事した曹操は、懐柔・弾圧・援助と状況に合わせたさまざまな施策を行った。各民族に対する具体的な施策とともに、曹操による根本方針を検証する。

後漢による異民族対策の方向性

古代中国の歴代王朝にとって、辺境の異民族対策は頭を悩ませるものであり、後漢《ごかん》、そして後漢のもとで辺境対策にあたった曹操《そうそう》にとっても同様であった。渡邉義浩によれば、後漢は異民族政策に関して三つの方向性を有していた。第一は、保護・統制であり、これは南《みなみ》匈奴《きょうど》や烏桓《うがん》に用いられた。第二は、「河西《かせい》の外戚《がいせき》(馬《ば》氏・竇《とう》氏・梁《りょう》氏)」のように、討伐した異民族を自己の軍事的基盤として組み込んでいくというもので、主として後漢中期までの羌《きょう》族に用いられた。しかし、たび重なる徙民《しみん》(政治目的による人民の強制移動)と屯田《とんでん》により不満が爆発し、「涼《りょう》州放棄論」(羌族などの反乱が激化しているため、涼州をいったん放棄しようという議論)が沸き起こるほどの大反乱を引き起こしてしまうこととなった。第三は、涼州での異民族討伐をおもな任務とする征西将軍《せいせいしょうぐん》のように、強大な武力を保持し、異民族を殲滅《せんめつ》する方針である。

曹操は、異民族討伐を任務とした「西北の列将」に連なる橋玄《きょうげん》を理想とし、異民族を討伐していく。ただ、殲滅一辺倒というわけではなく、のちに「天下の名騎《めいき》」と称《たた》えられた三郡烏桓の残党を自己の軍事的基盤に組み込むなど、懐柔策もとっている。曹操のとった異民族政策は、「西北の列将」のうち、どちらかと言えば殲滅を目指した段熲《だんけい》のそれではなく、融和を目指した張奐《ちょうかん》に近似していたといえよう。

各地の異民族たち

本論に入る前に、まず後漢末における異民族の状況について簡単に概観しておこう。

南匈奴は、後漢に服属し、使匈奴中郎将《しきょうどちゅうろうしょう》に統制され、南単于《ぜんう》（単于は匈奴の君主）は西《せい》河郡美稷県《がびしょく》（現在の内モンゴル自治区オルドス市ジュンガル旗）に住んだ。ただ、単于の羌渠《きょうきょ》が国人に攻め殺されるなど、南単于の権威は後漢末の時点で失墜していた。曹操とかかわった単于の於夫羅《おふら》・呼廚泉《こちゅうせん》は羌渠の子であり、彼らもまた、苦境に立たされた状態からのスタートであった。

羌は、後漢時代を通じて異民族のなかで最大の脅威であった。その勢いは張奐・段熲の活躍によって一時衰えたが、黄巾《こうきん》の乱（一八四年）をきっかけに起こった北宮伯玉《ほくきゅうはくぎょく》らの乱により再燃する。その集団にいたのが馬超《ばちょう》・韓遂《かんすい》であり、本稿では二人を中心に取り上げる。

目を河北《かほく》（黄河《こうが》北岸地域）に転じて烏桓について見よう。烏桓は、護烏桓校尉《ごうがんこうい》の統制下に置かれており、基本的に漢のために行動する異民族であった。しかし、遼西《りょうせい》烏桓の丘力居《きゅうりききょ》ら

2 「覇者」たらしめた政治力と軍事力の源泉とは?

どのような異民族政策をとっていたのか?

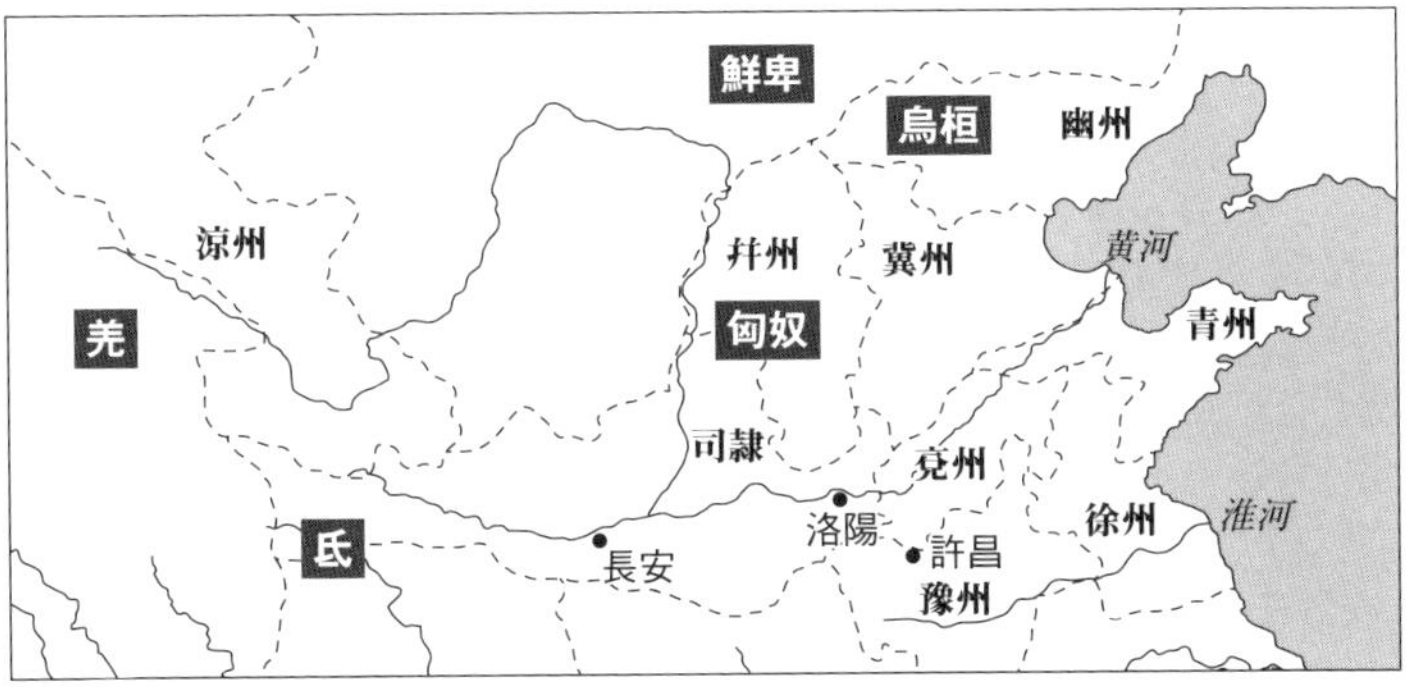

後漢末期の異民族の分布

が王を自称したことを発端に、前の中山《ちゅうざん》国相《しょう》である張純《ちょうじゅん》が丘力居らを配下に置き、「弥天安定王《びてんあんていおう》」を名乗ったことが引き金となり、大規模な反乱が起こった。これは結局、幽《ゆう》州牧《ぼく》の劉虞《りゅうぐ》によって平定されたが、反乱の火は消えることなくくすぶり、丘力居の甥《おい》である蹋頓《とうとん》に受け継がれることとなる。

最後に鮮卑について見よう。取り上げなければならないのは、檀石槐《だんせきかい》である。檀石槐は、周囲に推《お》されて大人《たいじん》（部族長）になると、光和《こうわ》年間（一七八〜一八四年）に死去するまで、約二十年間北辺で略奪を続けていた。さらに檀石槐は、大軍を率いて攻めてきた護烏桓校尉の夏育《かいく》らを完膚《かんぷ》なきまでに打ち破っている。このように、鮮卑は檀石槐の指導のもと全盛期を迎えていた。しかし、檀石槐が死ぬと、急速に力が衰える。本稿では、これ以降の鮮卑について取り上げていく。

曹操はこれら異民族にどのようにかかわっていたか。以下、個別に取り上げて見ていこう。

南匈奴――於夫羅と呼廚泉

後漢の前半期に、匈奴は南北に分裂し、南匈奴は後漢に服属して使匈奴中郎将に統制されるようになった。ただし、内田吟風が述べるように、直接的に政治的支配を受けたのではなく、諸部の大人に対する支配権は単于に残されていた。曹操にかかわる単于は、於夫羅《おふら》である。ただ、『後漢書《ごかんじょ》』南匈奴伝によれば、於夫羅は単于とはいっても、実際には、父の羌渠を殺害した国人が背《そむ》いて別に単于を立ててしまったため、漢の役所に訴えることになった。天下の大乱に乗じて黄巾残党の白波賊《はくはぞく》とともに河内《かだい》（現在の河南《かなん》省周辺）の諸郡を襲っても利がなく、失敗したため国に帰ろうとしても国人に拒否されるなど、南匈奴の支配者たる単于の姿は見る影もなかったようである。

於夫羅は初平《しょへい》三（一九二）年、曹操に内黄《ないこう》県（現在の河南省安陽《あんよう》市）で打ち破られ、翌四（一九三）年、曹操と対峙《たいじ》する袁術《えんじゅつ》を助けている。その後、於夫羅は死去し、弟の呼廚泉《こちゅうせん》が継いだものの、やはり帰国することはできなかった。呼廚泉も初めは兄と同じように曹操に敵対したが、建安《けんあん》七（二〇二）年、袁尚《えんしょう》（袁紹《えんしょう》の子）が派遣した河東太守《かとうたいしゅ》の郭援《かくえん》、并《へい》州刺史《しし》の高幹《こうかん》らとともに平陽《へいよう》県（現在の山西《さんせい》省臨汾《りんふん》市堯都《ぎょうと》区）を奪おうとするも敗北し、曹操に降伏している。反抗はこれで収まったようで、建安十一（二〇六）年、曹操の高幹征伐の際には、高幹の援軍依頼を拒否している。その後、建安二十一（二一六）年には、来朝《らいちょう》（諸侯が天子《てんし》の朝廷に来ること）し、客礼をもって迎えられ、曹操によって鄴《ぎょう》（魏《ぎ》王国の都、現在の河《か》北《ほく》省邯鄲《かんたん》市臨漳《りんしょう》県）に留められた。その際に右賢王《うけんおう》（単于に次ぐ地位の一つ）の去卑《きょひ》は、国を監督することを命じられている。

定説では、呼廚泉の来朝の直後、曹操によって南匈奴の五部分割が行われたとされる。南匈奴の五部分割には、数の多い匈奴を区分することにより、統一的国家としての存在を破壊し、中国に対する脅威を除去しようとする目的があったのである。対して町田隆吉は、『三国志』・『後漢書』には五部分割の記述は見えず、定説の根拠となった『晋書《しんじょ》』劉元海載記《りゅうげんかいさいき》などの記述は、『漢趙記《かんちょうき》』を継承した『十六国春秋《じゅうろっこくしゅんじゅう》』を引用した誤りであるといい、実際の分割は西晋《せいしん》以降であるとする（「二・三世紀の南匈奴について――『晋書』巻一〇一劉元海載記解釈試論」『社会文化史学』一七、一九七九年）。沢田勲は、両説を併記し、今後の検討を要するとしたが（『匈奴――古代遊牧国家の興亡（新訂版）』東方書店、二〇一五年〈旧版は一九九六年〉）、渡邉義浩は、町田の見解を支持し、曹操による対匈奴政策は、呼廚泉の抑留にとどまるとしていたように、定説の見直しが迫られている。

曹操の死後、文帝《ぶんてい》（曹丕《そうひ》）が即位する際、抑留されていた呼廚泉の重要性が飛躍的に増した。「魏公卿上尊号奏」（文帝が後漢の禅譲《ぜんじょう》を受けるように家臣団が勧進したことを伝える碑文）の十九位に位置し、単于に加え諸侯王としての待遇も与えられた。天子としての正統性を強めるため呼廚泉には、異民族代表としての地位が与えられるようになったのである（渡邉義浩『後漢における「儒教国家」の成立』汲古書院、二〇〇九年）。曹操は南匈奴と、初めは敵対関係となり、武力による弾圧を用いていたが、降服してくると一転、客礼をもって迎えるなど、懐柔策をとった。では、羌族についてはどのようであったか。項を移して見ていこう。

羌――馬騰と韓遂

羌は後漢時代を通じてつねに脅威となっていた。涼州放棄論が幾度も起こったことに、それは端的に示されているだろう。若き日の曹操は、主として羌族の反乱を鎮圧することを任務としていた征西将軍に対して強いあこがれを抱いていたという。曹操がかかわった羌族対策といえば、三国志のなかでも高名な馬騰《ばとう》と韓遂《かんすい》を取り上げねばなるまい。

馬超《ばちょう》の父・馬騰の母は羌族であった。熊谷滋三によれば、後漢の初め、馬氏は羌族を私的に運用するため徙民を行ったという（「後漢の羌族内徙策について」『史滴』九、一九九八年）。

2 「覇者」たらしめた政治力と軍事力の源泉とは?

どのような異民族政策をとっていたのか?

馬騰は「河西の外戚」である馬氏の子孫であり、生まれながらにして羌族と密接にかかわっていた。対して、韓遂は中平《ちゅうへい》元(一八四)年に起きた北宮伯玉の反乱に参加したことから名を現した。馬騰には半分羌族の血が流れており、韓遂は配下に多くの羌族を抱えていた。森本淳は、馬騰らは董卓《とうたく》軍と同様に、自分たちは「涼州人」であるという認識があり、両者は手を結び「涼州政権」というべきものを指向したが、それは早期に瓦解し、諸反乱軍勢力が和親と内紛を繰り返すこととなってしまったという(『三国軍制と長沙呉簡』汲古書院、二〇一二年)。実際、馬騰・韓遂は一時義兄弟となったように親しかったが、部曲《ぶきょく》(私兵)が互いに侵犯したことにより敵対関係となり、韓遂が馬騰の妻子を殺害するなど対立が激化した。ただ曹操がこのとき、侍中《じちゅう》の鍾繇《しょうよう》を守司隷校尉として馬騰・韓遂の統制をまかせると、鍾繇の説得が功を奏し、両者の子を人質として入侍させることとなったため、対立は完全に収まったわけではないものの、小康状態となったのである。

こののち、あらためて曹操に派遣された鍾繇の配下の張既《ちょうき》が、馬騰に援軍を依頼し、馬騰はそれに応《こた》えて袁尚配下の郭援《かくえん》を破っている。この張既は、曹操の南征の際、後顧の憂えを断つため、馬騰の部曲を解散させることを命じられ、成功させている。これにより、馬騰は衛尉《えいい》(九卿の一つ)に、子の馬超は偏《へん》将軍に、馬休《ばきゅう》は奉車都尉《ほうしゃとい》に、馬鉄は騎《き》都尉に昇進し、家族はみな鄴に移った。馬氏は曹操の目の届く範囲に置かれることとなったのである。

建安十六（二一一）年、曹操は漢中《かんちゅう》（現在の陝西省《せんせい》漢中《かんちゅう》市）の張魯《ちょうろ》征伐を敢行する。ここで勃発《ぼっぱつ》したのが潼関《どうかん》の戦いである。馬超は、韓遂と手を結び、曹操に反旗を翻《ひるがえ》した。この反乱の原因は、張魯征伐に際し曹操が鍾繇を派遣したことに対して、張魯征伐は名目で、じつは自分たちが襲われるのではないかと馬超らが疑ったことによる。事実、鍾繇は人質を脅し取ろうとしていたらしく、あながち当たらぬ不安でもなかった。結局、馬超らの反乱は曹操の手によって打ち砕かれた。曹操は、「これを離すのみ」という謀臣賈詡《かく》の離間策を採用し、馬超と韓遂を破り、馬超らを逃走に追い込んだのである。先に鄴に移っていた馬騰は、三族皆殺しという憂き目にあい、その生涯を終えた。この後の情勢はかなり複雑なので、順を追って説明したい。

建安十七（二一二）年、曹操は鄴へ帰還し、後事を夏侯淵《かこうえん》に託した。再起を誓い、征西将軍を自称した馬超は、涼州刺史の韋康《いこう》を冀城《きじょう》（現在の甘粛《かんしゅく》省天水《てんすい》市甘谷《かんこく》県の東）に包囲し殺害した。夏侯淵は救援に向かうも間に合わず、さらに馬超に呼応した汧《けん》県（現在の陝西省宝《ほう》鶏《けい》市千陽《せんよう》県）の遊牧民族・氐《てい》も反乱を起こしたため、軍を引いた。

建安十九（二一三）年、韋康の元配下である趙衢《ちょうく》・姜叙《きょうじょ》らが馬超の殺害計画を立てた。馬超は趙衢に騙《だま》されて城を出て姜叙を撃とうとするも、逆に冀城の門を閉じられ、妻子を殺害されてしまい、漢中へ逃亡した。その後、祁山《きざん》を包囲し、氐や羌を率いて夏侯淵配下の張郃《ちょうこう》を迎え撃つも、戦わないうちに逃走。馬超に味方した諸県は降伏する結果となった。このとき韓遂は顕親《けんしん》県（現在の甘粛省天水市秦州《しんしゅう》区周辺）におり、夏侯淵はそれも討ち取ろうとすると、韓遂は逃走する。夏侯淵は追走し、まず長離《ちょうり》（現在の甘粛省天水市秦安《しんあん》県周辺）の諸羌を襲い、軍営を焼き払った。すると、軍に多くの長離の諸羌を有していた韓遂は、長離に戻って救うことを選ぶが、夏侯淵に撃破された。さらに夏侯淵は、三十年来涼州で独立を保っていた「河首平漢王《かしゅへいかんおう》」宋建《そうけん》も破り、これにより涼州は平定されたのである。

山間部には羌などの非漢民族が集落をつくって定住しており、函谷関《かんこくかん》の西方地域の諸将にとって重要な兵や物資の供給元となっていた。石井仁によれば、曹操の関中遠征の目的の一つが、それを切り崩すことにあったという（『魏の武帝　曹操』新人物往来社、二〇一〇年〈旧版は二〇〇〇年〉）。長く政治的空白地帯になっていた関西地域は、曹操によっていったん安定がもたらされた。曹操は、羌族に対して、激化する情勢のなかで、弾圧に重きを置き最後は殲滅することに成功した。若き日の征西将軍の志を遂げたのである。転じて、曹操は次項で扱う烏桓に対しては、懐柔と弾圧の両者を用いていた。詳しく見ていこう。

烏桓——蹋頓と閻柔

建安年間（一九六〜二二〇年）において、有力な烏桓の元帥《げんすい》は蹋頓《とうとん》（内田吟風は、蹋頓を蹋頓部の王の略称とする）である。蹋頓は、丘力居の甥であり、その死後、後を継いで三郡（上谷郡《じょうこく》・遼西郡・右北平郡《ゆうほくへい》）烏桓を率いた。建安の初め、袁紹と公孫瓚《こうそんさん》の対立の最中、袁紹と和親を結び、公孫瓚を破った。これにより、袁紹は朝廷に無断で蹋頓らに単于の印綬《いんじゅ》を賜与し、懐柔を図る。また、広陽《こうよう》の人である閻柔《えんじゅう》は、烏桓・鮮卑に信任を得ており、漢の烏桓校尉である邢挙《けいきょ》を殺害してこの座を奪った。その兵力を袁紹が欲したことにより、閻柔は配下となり、袁紹は烏桓の元帥である蹋頓、烏桓・鮮卑に信頼を得、烏桓校尉を務める閻柔をてなずけることに成功している。渡邉義浩は、このような袁紹の態度を異民族との融和を目指した儒教理念に基づくものであったという。では、曹操はどのような対応をとったのか。

建安五（二〇〇）年、官渡《かんと》の戦いで曹操が袁紹を破ると、閻柔は烏桓・鮮卑を率いて曹操に帰順した。曹操は閻柔を護烏桓校尉に任じ、その勢力を配下に置いた。ただし、袁紹の子である袁尚らが逃げ込んだ先の蹋頓は帰順することなく、三郡烏桓は勢力を保ったままであった。これに対し、曹操は烏桓征伐を決意する。それに先立ち、入念に準備を行った。平虜《へいりょ》渠《きょ》・泉州渠《せんしゅうきょ》・新河《しんが》の建設である。佐久間吉也によれば、これらの漕運路《そううんろ》（物資運搬用の水路）の形成は北辺征服に重要な意味をもっており、さらに後漢末から曹魏における漕運路の形成は、隋《ずい》の大運河形成の先駆的な役割を果たしたという（『魏晋南北朝水利史研究』開明書院、一九八〇年）。平虜渠などの建設の意義は、烏桓征伐のみにとどまらなかったのである。

準備を整えた曹操は、烏桓征伐を敢行する。白狼山《はくろうざん》の戦い（二〇七年）である。曹操は、烏桓の本拠地である柳城《りゅうじょう》（現在の遼寧《りょうねい》省朝陽《ちょうよう》市西南）に向かう途上、烏桓に恨みを抱き、辺りの地理に通じていた田疇《でんちゅう》を郷導《きょうどう》（案内人）とし、非常に過酷な行軍ながらも、なんとか柳城にたどり着いた。そこに至り、烏桓側はようやく曹操の侵攻を察知し、袁尚・袁熙《えんき》（袁紹の子）・蹋頓らは軍を率いて迎え撃とうとする。曹操が白狼山に登ると、偶然敵と遭遇。交戦して大勝利を収め、蹋頓は曹純《そうじゅん》配下に斬られ、多くの者が降伏してきた。三郡烏桓の別《べっ》帥《すい》（別の大人）である楼班《ろうはん》らは遼東《りょうとう》に逃亡したが、遼東太守の公孫康《こうそんこう》に斬られた。この後、三郡烏桓の残党は、中国内地に移され、「天下の名騎」といわれたように、曹操の軍事的基盤となったのである。

曹操は、自身と対抗した蹋頓らには武力を用い弾圧を試みながらも、一方では閻柔を従属させ、降服してきた三郡烏桓を自身の軍事的基盤とするなど、バランスよく懐柔策も用いた。最後まで抵抗した三郡烏桓の残党が曹操の傘下に入り、烏桓が後退していくと同時に鮮卑が台頭した。次項では、鮮卑について見ていこう。

鮮卑――歩度根と軻比能

後漢末における鮮卑は、檀石槐《だんせきかい》の統率のもと、しばしば寇害《こうがい》（侵入して害を与えること）をなす存在であり、北辺の大きな脅威であったといってよい。しかし、檀石槐は光和《こうわ》年間（一七八～一八四年）に死亡し、後を継いだ子の和連《われん》は、貪欲《どんよく》であり淫乱で、法を行うにも不公平であったことから半数に背かれるなど、およそ檀石槐に及ぶべくもない人材であった。和連が北地《ほくち》郡の名もなき弓の名手に射殺されると、兄の子魁頭《かいとう》が立ったが、和連の子の騫曼《けんまん》が成長すると争うようになり、部族のほとんどが離散してしまう。魁頭が死ぬと、弟の歩度《ほど》根《こん》が後を継いだ。曹操とかかわるのは、歩度根からである。しかし、さらに部族は弱体化し、弟の扶羅韓《ふらかん》も数万人を擁して大人となるほど、歩度根の権力は弱かった。

檀石槐系統以外の鮮卑も見てみよう。曹操とかかわったのは、のちに諸葛亮《しょかつりょう》の北伐に呼応したことで名高い軻比能《かひのう》である。軻比能は小部族の鮮卑であったが、勇猛であること、法を行うに公平であること、財物を貪《むさぼ》らないことから大人となった。また、軻比能の部落が塞（長城）に近かったことにより、袁紹が河北を占拠して以後、多くの中国の人びとが帰順してきたという。川本芳昭は、『三国志』巻三十・鮮卑伝における軻比能の記述を詳細に分析し、「兵器の製造技術」「漢字の習得」「鮮卑軍の編成・指揮方法の革新」などが中国から鮮卑へ流入したことから、もともとは部族の推薦によるリーダー選出という形態であった王権が大きな変化に直面していたとする（「三国期段階における烏丸・鮮卑について――交流と変容の観点からみた」『国立歴史民俗博物館研究報告』一五一、二〇〇九年）。

建安十二（二〇七）年に曹操が幽州を平定したのち、歩度根と軻比能は閻柔を通じて貢献（貢ぎ物を送ること）した。その後、建安十六（二一一）年、曹操が関中征伐に向かった隙《すき》に、蘇伯《そはく》・田銀《でんぎん》らが河間《かかん》に反乱を起こすと、軻比能は閻柔に従って田銀を破っている。この時点で、閻柔は曹操に護烏桓校尉に任じられており、軻比能はその傘下に入っていることがわかる。しかし、建安二十三（二一八）年、軻比能は代《だい》郡烏桓の能臣氐《のうしんてい》の反乱を援助した。この反乱には檀石槐系統の鮮卑もかかわっている。

かいつまんで述べると、能臣氐は初め扶羅韓に配下につきたいと求めたが、扶羅韓の配下は命令によく服してはいなかったため、さらに軻比能を呼び寄せた。軻比能は一万騎あまりを率いてやってきて、ともに盟誓した。そこで、軻比能は扶羅韓を殺害し、扶羅韓の子である泄帰泥《せつきでい》と部衆は、すべて軻比能の配下となったが、（扶羅韓の兄である）歩度根は軻比能を憎むようになったという。しかし、この反乱は北中郎将・行驍騎《こうぎょうき》将軍に任じられた曹操の子の曹彰《そうしょう》により鎮圧され、軻比能は塞外に逃亡した。しかし、のちにまた貢献するようになった。

曹操の死後、明帝《めいてい》の時代になって、歩度根は軻比能に殺害され、軻比能は幽州刺史の王雄《おうゆう》に派遣された韓龍《かんりゅう》に殺害された。曹操期に活躍した二人の鮮卑の大人は、志半ばにその生涯を閉じることとなったのである。

最後に見たとおり、曹操は鮮卑に対して、懐柔というよりも弾圧していることがわかるであろう。

曹操の異民族政策の基本姿勢

ここまで四つの異民族を取り上げ、曹操や部下たちがどのような対応をとっていたのかについて述べてきた。曹操は、異民族を平定する際に、弾圧と懐柔策を用いており、各民族によってその濃淡を変えていたことが理解できると思う。このような曹操の態度は、石井仁が指摘するように、「西北の列将」に連なる橋玄を曹操が理想としたことによる。橋玄は、典型的な儒家官僚であったが、子が誘拐された際に、子ごと犯人を殺害するなど、「猛」政を指向した人物でもあった。曹操は、そのような橋玄の態度を継承し、「西北の列将」張奐のように懐柔を時に用いながらも、基本的には異民族政策にも「猛」政を布《し》いているのである（「猛」政については78頁を参照）。これこそが、曹操の異民族政策であったといえよう。

【参考文献】

渡邉義浩『三国志よりみた邪馬台国』（汲古書院、二〇一七年）。
内田吟風『北アジア史研究――鮮卑柔然突厥篇』（同朋舎、一九八八年）。
内田吟風『北アジア史研究――匈奴篇』（同朋舎、一九七五年）。

後継者に望んだのは曹丕か曹植か?

渡邉将智

曹操を理解するためのキーワード
10

太子

曹操二十五名の男子のうち、後継者候補は兄・曹丕と弟・曹植の二人に絞られたが、曹操は魏公となった後も後継者たる太子を立てなかった。躊躇したと伝わるその原因は何だったのか? そこには曹操の意思とは別に、政権を支える官僚たちの存在が関係していた。

両者の確執を伝える「七歩詩」の説話

豆を煮て持《もっ》て羹《あつもの》と作《な》し
菽《まめ》を漉《こ》して以《もっ》て汁と為《な》す
萁《まめがら》は釜の下に在《あ》りて然《も》え
豆は釜の中《うち》に在りて泣く
本《もと》は同じ根より生じたるに
相煎《あいい》ること何ぞ太《はなは》だ急なる

この詩は、南北朝《なんぼくちょう》時代の説話集『世説新語《せせつしんご》』文学《ぶんがく》篇に引用される「七歩詩《しちほし》」である。魏《ぎ》王朝（曹魏《そうぎ》）初代皇帝の文帝曹丕《ぶんていそうひ》は、弟の曹植《そうち》の文才を疑い、「七歩あるくあいだに詩を詠《よ》め。もし詠むことができなければ死罪とする」と命令した。曹植は七歩すすむうちに「七歩詩」を見事につくり、死罪を免《まぬか》れたという。釜のなかで調理される豆を曹丕に、釜の火を焚《た》くために燃やされる籾殻《もみがら》を自分に重ね合わせ、兄に殺されようとしている自分の身の上を詠んだといわれている。

曹操《そうそう》には二十五名の男子がいた。最初の妻である劉《りゅう》夫人とのあいだに長子の曹昂《そうこう》と曹鑠《そうしゃく》をもうけたが、曹昂は曹操が荊《けい》州南陽《なんよう》郡宛《えん》県で張繡《ちょうしゅう》に襲撃されたときに戦死し、曹鑠もまた若くして病死した。曹丕と曹植の生母は卞《べん》夫人で、二人は曹昂の異母弟にあたる。「七歩詩」では、曹植は生母を同じくする曹丕との間柄を、もとは根を一つにする豆と籾殻の関係に重ねたのである。

曹操が病死すると、曹丕は後漢《ごかん》の献帝《けんてい》から禅譲《ぜんじょう》（天子《てんし》が自分の位を徳のある人物に譲り渡すこと）を受けて魏王朝を建国した。ところが、曹操は曹植の文学的な才能を愛し、自分の後継者にしようとしたともいわれている。『世説新語』の説話の背景にも、曹操の後継者をめぐる曹丕と曹植の確執があったとされる。

もっとも、曹丕と曹植の関係については、陳寿《ちんじゅ》が『三国志』を編纂《へんさん》する際に、皇帝となった曹丕が曹植ら宗室《そうしつ》（皇帝の親族）を抑圧したことを誇張して記した、とする見方もある（津田資久「『魏志』の帝室衰亡叙述に見える陳寿の政治意識」『東洋学報』第八十四巻第四号、二〇〇三年を参照）。しかし、曹操政権の内部では、曹操の後継者をめぐって官僚たちの意見が分かれていた（『三国志』巻十二・邢顒伝《けいぎょうでん》など）。後漢時代末期には、曹操の後継者問題が政治面での重要な課題となっていたのである。では、曹操は曹丕と曹植のどちらを自分の後継者に望んでいたのであろうか。

2 「覇者」たらしめた政治力と軍事力の源泉とは？
後継者に望んだのは曹丕か曹植か？

両者の政治的地位からうかがえる曹操の思惑

後漢の中央政府には、三公《さんこう》（太尉《たいい》・司徒《しと》・司空《しくう》）という宰相《さいしょう》たちと、九卿《きゅうけい》（太常《たいじょう》・光禄勲《こうろくくん》・衛尉《えいい》・太僕《たいぼく》・廷尉《ていい》・大鴻臚《だいこうろ》・宗正《そうせい》・大司農《だいしのう》・少府《しょうふ》）と呼ばれる大臣たちが設置されていた。当時はおもに三公が政策を立案し、九卿が政策を実施していた。建安《けんあん》十三（二〇八）年に三公が廃止されると、曹操は新たに設置された丞相《じょうしょう》に就任した。後漢では丞相・三公などの宰相は幕府を開き、その実務を担当する幕僚を置くことができた。丞相の幕府は丞相府《じょうしょうふ》と呼ばれる。

建安十八（二一三）年、曹操は魏公《ぎこう》となり、建安二十一（二一六）年には魏王《ぎおう》となった。後漢は全国を州―郡―県という地方行政区画に分け、それらを治める地方政府の長官として、州に牧《ぼく》・刺史《しし》、郡に太守《たいしゅ》、県に令《れい》・長《ちょう》を派遣した。また、劉邦《りゅうほう》（高祖《こうそ》）が前漢《ぜんかん》を建国して以来、漢《かん》王朝は宗室や功績のある臣下に王《おう》（諸侯王《しょこうおう》）・公《こう》・列侯《れっこう》の爵位を授け、それぞれに封《ほう》地《ち》（領地）を与えた。王の封地を王国、公の封地を公国、列侯の封地を列侯国と呼び、王らの統治を支えるための官制を布《し》いた。魏公・魏王は、曹操が献帝から授けられた爵位である。

曹操は魏公となるにあたり、前漢初期の王国と同じ官制を布くことを献帝から許された。

さらに曹操は、後漢の中央政府と同じように、尚書《しょうしょ》（文書の作成や伝達を担当する尚書令《しょうしょれい》に所属）・侍中《じちゅう》（諮問《しもん》に応対することを担当）・六卿《りくけい》（大臣）などを魏公国に設置した。曹操が魏公・魏王となった当時は、後漢の政府と魏公国・魏王国の政府が並存していたことになる。しかも、曹操は魏公・魏王となったあとも丞相にひきつづき就任した。彼は魏公国・魏王国を統治すると同時に、後漢の宰相として国政の実権を握り続けたのである。

曹操は魏公となったのち、魏公国の後継者にあたる太子《たいし》を立てなかった。しかし、魏王となった翌年の建安二十二（二一七）年、曹丕を魏王国の太子に立てた。この時点で曹操の後継者は曹丕に確定したことになる。それまでのあいだ、曹丕と曹植は政治にどのようにかかわっていたのであろうか。

曹操が魏公となる二年前の建安十六（二一一）年、曹丕は後漢の五官中郎将《ごかんちゅうろうしょう》・副丞相《ふくじょうしょう》に就任し、幕府を開いた。五官中郎将は九卿の光禄勲（宮殿の門の警備を統括）に所属し、五官郎《ごかんろう》（宮殿の門の警備などを担当）を統率したが、本来は幕府を開く権限を与えられていなかった。しかし、曹丕は幕府を開くことを特別に許され、そのうえで丞相の曹操を補佐する地位に就《つ》いた。ただし、曹丕が幕府を開く際に五官中郎将の官名が用いられた理由は、これまでの研究でも明らかにされていない（石井仁『曹操　魏の武帝』新人物往来社、二〇〇〇年を参照）。

一方、曹植は建安十六（二一一）年に平原侯《へいげんこう》（封地は青《せい》州平原郡平原県）となり、曹操が魏公となった翌年の建安十九（二一四）年には臨菑侯《りんしこう》（封地は青州斉《せい》郡臨菑県）となった。この年、曹操は孫権《そんけん》を征伐するために自ら出陣した。曹操は魏公国の都である鄴《ぎょう》（現在の河北《かほく》省邯鄲《かんたん》市臨漳《りんしょう》県）の守備を曹植にまかせ、出陣の前に励《はげ》ましの言葉をかけたという。しかし、建安二十二（二一七）年に曹丕が太子となるまで、曹植は後漢の中央政府の高官や地方政府の長官には就任しておらず、軍隊を統率して出征することもなかった。

建安十六（二一一）年以降、曹丕は五官中郎将・副丞相として国政にかかわっていた。それに対して、曹植は列侯の爵位を与えられるのみで、国政や軍事に関与できる地位にはなかった。曹操は魏公となる以前から、曹丕を自分の後継者と意識していたかのようである。

対立する曹操政権の官僚たち

魏公国が成立した当時、曹操政権の内部は、曹丕を太子に推《お》す勢力と曹植を推す勢力に分かれていた。毛玠《もうかい》・崔琰《さいえん》・賈詡《かく》・桓階《かんかい》・邢顒《けいぎょう》らは曹丕こそが太子にふさわしい人物であると曹操に説き、呉質《ごしつ》は曹丕の評判を高めるための策を立てた。それに対して、丁儀《ていぎ》・丁廙《ていい》の兄弟と楊脩《ようしゅう》らは曹植が太子に立てられるよう補佐し、邯鄲淳《かんたんじゅん》・孔桂《こうけい》は曹操が曹植を太子に立てる意向であると察して曹植への接近を図った。

曹丕を推す官僚たちと曹植を推す官僚たちは激しく対立した。丁儀は崔琰を譏言《ざんげん》し、それを信じた曹操は崔琰を自殺に追い込んだ。毛玠は崔琰への仕打ちに不満をいだいたが、彼もまた丁儀に陥《おとしい》れられて罷免《ひめん》された。一方、呉質は楊脩を貶《おとし》めて曹操からの信頼を失わせるために暗躍した。

曹操は魏公となったのち、曹丕と曹植のどちらを太子に立てるか悩み、官僚たちに意見を求めた。このときの崔琰に関する逸話が残されている。

（崔琰は、曹操に）「『春秋《しゅんじゅう》』で述べられている道理では、跡継ぎには年長者を選ぶとされています。しかも、五官中郎将（曹丕）は仁愛に篤《あつ》く孝行で聡明であるので、正しい血統を継がせるべきです。私は死を賭《と》して、この考えを守り通す覚悟です」と述べた。曹植は崔琰の兄の娘婿である。曹操は崔琰の公正さを貴び、感嘆のため息をついて、彼を中尉《ちゅうい》に任命した。

（『三国志』巻十二・崔琰伝）

また、曹操は桓階にも意見を求めている。

桓階は曹操を諫《いさ》めて、「いま、曹丕さまの仁愛はお子さまたちの中で最も篤く、その名声は天下に明らかであり、またその仁徳《じんとく》・聖徳《せいとく》と高い節義《せつぎ》は天下に知らない者はおりません。それにもかかわらず、あなたさまは曹植さまについて私にお訊《たず》ねになりました。私は戸惑っております」と言った。曹操は桓階が正義を懸命に守る人物であると知り、彼をますます深く重んじた。

(『三国志』巻二十二・桓階伝の注に引く『魏書《ぎしょ》』)

曹操は崔琰と桓階の姿勢を高く評価した。とくに崔琰については、魏公国の中尉(軍事を担当)に任命したという。曹操は曹丕を推す官僚たちの意見に理解を示していた。

さらに、曹操は賈詡にも後継者問題について訊ねている。

かつて曹操は側近たちを遠ざけて賈詡に訊ねた。賈詡は黙ったまま答えなかった。曹操は「あなたに話しかけているのに答えないのは、どうしてなのか」と言った。賈詡が「ちょうどたまたま考え事をしていたので、すぐには答えなかっただけです」と言うと、曹操は「何を考えていたのか」と言った。賈詡は「袁紹《えんしょう》の父子と劉表《りゅうひょう》の父子のことを考えていたのです」と言い、曹操は大笑いした。そこでついに太子が決定した。

(『三国志』巻十・賈詡伝)

袁紹と劉表はいずれも長子を差し置いて後継者を選ぼうとした。このことが臣下たちを二分する内部対立を引き起こし、やがてともに曹操に滅ぼされた。賈詡は袁紹らを引き合いに出すことにより、曹操が後継者の選択を誤って悲惨な末路をたどることのないよう諫めたのである。結局、曹操は曹丕を太子に立てたが、それは賈詡の意見に従った結果であった。曹操は曹丕を太子に立てることが最も理にかなっていると考え、曹丕を推す官僚たちの意見を尊重した。曹操はやはり曹丕を自分の後継者と意識していたようである。

太子の決定に躊躇した背景

曹丕は曹操から後継者と意識されていたにもかかわらず、魏公国の太子には立てられなかった。魏王国が成立した後の建安二十二（二一七）年までは、曹植が太子となる可能性も残されていた。事実、曹操は丁廙が曹植の聡明さや文才を褒《ほ》めたときには、彼に「曹植を世継ぎとしたいと思うが、どうであろうか」と訊ねている（『三国志』巻十九・陳思王植伝《ちんしおうちでん》の注に引く『魏略《ぎりゃく》』）。このような曹操の言動からは、曹丕を魏公国の太子に立てることに躊躇《ちゅうちょ》する様子がうかがえる。その理由はどこにあったのだろうか。

曹操は曹植の文学的な才能を高く評価していたという。曹操が太子の決定に躊躇した理由の一つには、曹植を寵愛《ちょうあい》する曹操の個人的な感情もあげられるであろう。だが、曹丕や曹植を推す官僚たちの政治的な立場に目を向けると、異なる理由も浮かび上がってくる。

曹操の後継者をめぐる官僚たちの争いについては、曹丕を推す「汝潁《じょえい》集団」（豫《よ》州汝南《じょなん》郡・潁川《えいせん》郡の出身者を中心とする集団）と、曹植を推す「譙沛《しょうはい》集団」（曹操と同じ豫州沛《はい》国譙《しょう》県の出身者を中心とする集団）の対立とする見方がある（万縄楠『魏晋南北朝史論稿』安徽教育出版社、一九八三年を参照）。また、曹丕を推す「名士《めいし》」（儒家《じゅか》的な価値観を共有する知識人）と、曹植を推す「文学者」（曹操と同じく「文学」に文化的な価値を認める知識人）の対立とみなす見解もある（渡邉義浩『三国政権の構造と「名士」』汲古書院、二〇〇四年を参照）。どちらの説が正しいとしても、曹操政権の基盤となり得る官僚たちが曹植を強く推していたことに変わりはない。こうした勢力の存在が、曹操が太子を決定する際に少なからず影響を及ぼしていたのである。

曹操の後継者が大きな問題となっていた当時、曹丕を推す毛玠は尚書僕射《しょうしょぼくや》（尚書令の副官）、崔琰は尚書に就任していた。尚書僕射・尚書は後漢の中央政府と魏公国にともに設けられていたが、毛玠・崔琰が就任したのは魏公国に設置されたものである（『三国志』巻一・武帝《ぶてい》紀《き》・建安十八年条の注に引く『魏氏春秋《ぎししゅんじゅう》』）。賈詡は太中大夫《たいちゅうたいふ》（諮問《しもん》に応対することを担当）であった。太中大夫は後漢の中央政府に設置されており、賈詡は魏公国が成立する以前からこれに就任していた（『三国志』巻十・賈詡伝）。桓階は虎賁中郎将《こほんちゅうろうしょう》（宮殿を警備する虎賁郎《こほんろう》を統率）である。虎賁中郎将は後漢の中央政府では光禄勲に所属したが、魏公国にも設置されていたかどうか定かではない。邢顒は東曹掾《とうそうえん》（丞相府の実務を担当）で、丞相府の幕僚である。また、呉質は朝歌長《ちょうかちょう》（司隷河内《しれいかだい》郡朝歌県の長官）であった。曹丕を推す勢力は、魏公国の官僚を中心に、後漢の中央政府や丞相府にも及んでいた。

一方、曹植を推す丁儀は西曹掾《せいそうえん》（丞相府の実務を担当）、楊脩は倉曹属主簿《そうそうぞくしゅぼ》（丞相府の実務を担当）で、いずれも丞相府の幕僚である。また、丁廙は黄門侍郎《こうもんじろう》（禁中《きんちゅう》の門の警備を担当）、孔桂は騎都尉《きとい》（軍事を担当）に就任していた。黄門侍郎・騎都尉は後漢の中央政府に設置されていたが、魏公国にも置かれていたかどうか明らかではない。邯鄲淳については不明である。曹植を推す勢力は、丞相府の幕僚に中心的な人物を抱えていた。

曹操政権は、魏公国の官僚たちと丞相府の幕僚たちを中心に、曹操の後継者をめぐって二つの勢力に分かれていた。もし、曹操が当初の望みどおりに曹丕を太子に立てた場合には、丞相府の内部で幕僚たちが不満をいだくことになる。また、仮に曹植を太子に立てた場合には、魏公国の官僚たちを含むさまざまな層の反発を招くことになるだろう。曹操が太子を決定するにあたっては、魏公国の官僚たちや丞相府の幕僚たちの意向に十分に配慮する必要があった。

曹操が曹丕を推す官僚たちと曹植を推す官僚たちの両方に繰り返し意見を求めたのは、これら二つの勢力が曹操政権を支える重要な基盤であったためである。なかでも曹植を推す丞相府の幕僚たちは、後漢の中央政府において丞相の曹操と副丞相の曹丕の政治活動を支えるべき存在である。彼らの協力を失えば、曹操・曹丕が後漢の国政を動かす際に支障をきたしかねない。曹操が曹丕を魏公国の太子に立てることに躊躇した背景には、丞相府の幕僚たちが曹植を強く推していたという事情もあったようである。

曹操が望んだ後継者

以上のように、曹操は魏公となる以前から曹丕を後継者として意識していた。しかし、丞相府の幕僚たちなど曹操政権を支える勢力が曹植を強く推す実情を考慮した結果、曹丕と曹植のどちらを後継者とするのか、すぐには決断を下すことができなかった。曹操は曹植を推す勢力を気にかけながらも、結局は曹丕を推す勢力に後押しされるかたちで、当初の望みどおりに曹丕を太子に立てたのである。

3

経済・文化面でどんな功績があったのか？

なぜ、文学を重視したのか？

渡邉義浩

曹操を
理解するための
キーワード
11

文学の宣揚

多くの詩を残し、詩人としても名高い曹操。さらには文学サロンを興し、文学の隆盛に向けて積極的に関与した。やがて文学は儒教を相対化させ、儒教に守られていた漢帝国を崩壊に向かわせた。曹操による文学を用いた価値観の大転換の過程とはどのようなものだったのか？

儒教に代わる文化的価値の必要性

曹操《そうそう》は、文学・兵法・儒教・音楽に優れた才能をもつほか、草書・囲碁が得意で、養生《ようせい》の法を好み、薬や処方にも詳しかった。曹操は、これらの能力のなかから、儒教を価値基準の中心に置く名士層へ対抗し得る文化的価値として、文学を選択した。時代の英雄は、自らの志《こころざし》を高らかに歌った。

神亀雖寿　猶有竟時
騰蛇乗霧　終為土灰
老驥伏櫪　志在千里
烈士暮年　壮心不已
盈縮之期　不但在天
養怡之福　可得永年
幸甚至哉　歌以詠志

神亀《じんき》は寿《いのちながし》と雖《いえど》も　猶《な》ほ竟《おわ》る時有り
騰蛇《とうだ》は霧に乗るも　終《つい》に土灰《どかい》と為《な》る
老驥《ろうき》櫪《うまや》に伏すも　志《こころざし》は千里に在り
烈士は年を暮るるも　壮心已《や》まず
盈縮《えいしゅく》の期は　但《た》だ天に在るのみならず
養怡《ようい》の福　永年を得る可《べ》し
幸い甚《はなは》だしくして至れる哉《かな》　歌ひて以《もっ》て志を詠《うた》はん
（『楽府《がふ》詩集』巻三十七・相和歌辞十二）

「歩《ほ》出《しゅつ》夏《か》門《もん》行《こう》」のなかの一節である「亀雖寿」は、前半において運命論を提示して、生あるものには必ず終わりがくるとの諦観《ていかん》を述べる。後半においてこの運命を乗り越えるものとして志の力を提示し、それにより「永年」をもつかみ得る可能性を宣言する。その志の力を述べた、「かつての駿馬《しゅんめ》も年をとり厩《うまや》に取り残される日々だが（老驥伏櫪）」、「天下を平定しようとした若き日の志は今も千里のかなたを駆けめぐる（志在千里）」の二句が、曹操の作品のなかでも、きわめて有名な句であるのは、曹操の生涯に運命を超える意志の力を感じる後世の者が多かった証拠となろう。

曹操は、自らの志を表現する方法として楽府（広義には「詩」）を選んだ。それは、『尚《しょう》書《しょ》』堯典《ぎょうてん》に、「詩言志《しげんし》」（詩は志を言う）と述べられている儒教の伝統の影響下にある。三国時代だけではない。中国前近代の「文学」は、儒教の制約下に置かれていたという点において、近代以降の文学とは異なる。中国近代文学の祖である魯迅《ろじん》が『狂人日記《きょうじんにっき》』を著し、儒教を否定したことは故なきことではない。

中国で最初の「儒教国家」となった後漢《ごかん》において、文学は儒教に従属していた。これに対して、曹操は、儒教に対置すべき価値として、仏教や道教ではなく、三国時代以降も儒教の制約下に置かれ続ける文学を宣揚した。その理由は、文学の価値基準が、主観的であることに求められる。価値を宣揚した曹操の基準により優劣を判断できるのである。しかも、道教や仏教のように、君主とは別に、教主や道観《どうかん》（道教寺院）・寺院が権威をもつこともない。そして、何よりも詩は、志を歌うものであり、曹操の志を表現するのに適していた。

志と施政方針を表現した「短歌行」

曹操の巧みさは、一から新しい文化を創造するのではなく、名士の価値の根底に置かれる儒教を踏まえながら、文学を宣揚したところにある。具体的には、儒教経典の『詩経《しきょう》』を踏まえた楽府（音楽に合わせて歌う詩）を曹操は制作したのである。その結果、名士は文学を無視できなかった。曹操の代表作「短歌行《たんかこう》」が、いつ詠まれたのかは明らかではない。『三《さん》国志演義《ごくしえんぎ》』は、それを赤壁《せきへき》の戦いの前に歌った不吉な詩であるとする。

対酒当歌　人生幾何
譬如朝露　去日苦多
慨当以慷　憂思難忘
何以解憂　唯有杜康
青青子衿　悠悠我心

酒に対《むか》へば当《まさ》に歌ふべし　人生　幾何《いくばく》ぞ
譬《たと》へば朝露《ちょうろ》の如《ごと》し　去日《きょじつ》は苦《はなは》だ多し
慨《なげ》きて当《まさ》に以《もっ》て慷《いた》むべし　憂思《ゆうし》　忘れ難《がた》し
何を以てか憂ひを解かん　唯《た》だ杜康《とこう》有るのみ
青青《せいせい》たる子《きみ》が衿《えり》　悠悠《ゆうゆう》たる我が心

但為君故　沈吟至今　　但《た》だ君の為《ため》の故《ゆえ》に　沈吟《しんぎん》して今に至る
呦呦鹿鳴　食野之苹　　呦呦《ようよう》と鹿は鳴き　野の苹《よもぎ》を食《くら》ふ
我有嘉賓　鼓瑟吹笙　　我に嘉賓《かひん》有らば　瑟《ひつ》を鼓《こ》し笙《しょう》を吹かん
明明如月　何時可輟　　明明《めいめい》　月の如《ごと》きも　何《いずれ》の時にか輟《ひろ》ふ可《べ》き
憂従中来　不可断絶　　憂ひは中より来《きた》り　断絶す可《べ》からず
越陌度阡　枉用相存　　陌《ひゃく》を越へ阡《せん》を度《わた》り　枉《ま》げて用《もっ》て相《あい》存せよ
契闊談讌　心念旧恩　　契闊《けいかつ》して談讌《だんえん》し　心に旧恩を念《おも》はん
月明星稀　烏鵲南飛　　月　明らかに　星　稀《まれ》にして　烏鵲《うじゃく》　南に飛ぶ
繞樹三匝　何枝可依　　樹《き》を繞《めぐ》ること三匝《めぐ》り　何《いずれ》の枝にか依《よ》る可《べ》き
山不厭高　水不厭深　　山は高きを厭《いと》はず　水は深きを厭はず
周公吐哺　天下帰心　　周公《しゅうこう》　哺《ほ》を吐きて　天下　心を帰せり

（『楽府詩集』巻三十・相和歌辞五）

西晋《せいしん》の崔豹《さいひょう》によれば、長歌と短歌は、人の力ではどうすることもできない寿命の長短を嘆くことを歌うものである。曹操の「短歌行」も、「人生 幾何ぞ」と人の寿命の短さを嘆く。それを「朝露」にたとえることは、建安文学に先行する「古詩十九首《こしじゅうきゅうしゅ》」の十三に見える。

朝露にも似た人生のはかなさの憂いを解くものは、「杜康」(酒)しかない。「古詩十九首」の十三が、朝露から人生のはかなさに沈潜していくことに対して、曹操は、従来の「短歌」の主題を踏襲しながらも、『詩経』の二つの歌を典拠に、はかない人生だからこそ、人材を登用して世を正していくべしという、運命を乗り越えていく志を述べる。ここに「建安の風骨《ふうこつ》」と称されるこの詩の力強さがある。二つの『詩経』のうち、日本人に馴《な》染《じ》みの字句は、鹿鳴《ろくめい》であろう。鹿鳴館の語源である。

したがって、この歌詞を聞いた名士は、「呦呦と鹿は鳴き」からの四句が、『詩経』鹿鳴の引用で、賓客を歓待する内容をもち、曹操が人材を歓待する典拠とされていることを理解できた。また、最後の二句「人材が来たことを聞いた周公は哺(口の中の食べかけ)を吐き出して急いで会いに行き、その姿に天下は心を帰した(周公吐哺　天下帰心)」は、『韓詩外伝《かんしがいでん》』に描かれた、天下の人材を登用しようとした周公の故事を踏まえている。

すなわち、この楽府は、人生のはかなさや酒の効用が主題ではなく、曹操が積極的な人材登用を行うことで運命を切り開く、という志と施政方針を歌った作品なのである。『三国志演義』が不吉、とすることは、曲解も甚《はなは》だしい。

「青青たる子が衿」から始まる四句は、『詩経』鄭風《ていふう》・子衿《しきん》を典拠とする。この詩は、少女が青年を愛しく思う気持ちを詠んだとも解釈できる。それを少女が青年を思うように君主は賢才を思慕したと解釈することで、『詩経』は儒教経典となっていた。こうした文学と儒教との関係性を十分に踏まえたうえで、曹操は楽府に自らの施政方針を表現した。

曹操は、はかない人生をわが手で切り開いていく志を歌い、自らの情を抒《の》べて、楽府によって自らの正統性と志を詠《うた》い上げたのである。

科挙に引き継がれた文学を基準とする人事

曹操は、文学の宣揚のため、人事基準を変えようとした。文学者の丁儀《ていぎ》を丞相《じょうしょう》西曹掾《せいそうえん》（人事担当官）に就《つ》け、文学を基準とした人事を始めたのである。後漢の官吏登用制度であった郷挙里選《きょうきょりせん》は、孝廉《こうれん》（両親への孝行と清廉な姿勢を評価）など儒教的な価値基準により官僚を選出した。このため、知識人はみな儒教を学んだ。この基準を文学に変えることより、その価値を儒教を超えるものにしようとしたのである。

このため曹操のサロンから発展した建安文学《けんあんぶんがく》は、中国史上、最初の本格的な文学活動と評される。それまでにも、自分の内的な価値基準において、文学を最高の価値に据える者はいた。しかし、儒教一尊の後漢において、文学は政治や道徳に従属し、文学者は卑《いや》しい俳優と同列の扱いを受けた。文学を人事の基準とすることは、唐《とう》代の科挙《かきょ》の進士科《しんしか》に継承される。

李白《りはく》や杜甫《とほ》が詩を詠んだのは、官僚登用試験である科挙の受験勉強という側面もあった。これまで『詩経』の儒教的解釈だけを学んできた名士は、詩の実作を新たな人事基準とする曹操の政策に面食らい、司馬懿《しばい》までもが慌《あわ》てて作詩を学んだ。司馬懿の詩は、お世辞にも優れているとはいえず、その当惑ぶりを今日に伝える。

建安文学の制度化は、曹丕《そうひ》が五官中郎将《ごかんちゅうろうしょう》となって幕府《ばくふ》を開き、五官将文学《ごかんしょうぶんがく》という文学を冠した官職を設置した建安十六（二一一）年に求められる。曹操が最初の唯才《ゆいさい》主義を掲げた翌年、荀彧《じゅんいく》を死に追い込む前年にあたる。ただし、建安二十四（二一九）年までには、「建《けん》安《あん》の七子《しちし》」と総称された孔融《こうゆう》・陳琳《ちんりん》・王粲《おうさん》・徐幹《じょかん》・阮瑀《げんう》・応瑒《おうちょう》・劉楨《りゅうてい》はみな卒《しゅっ》し、建安文学は足掛け八年の活動期をもつにすぎない。

それでも名士は、これにより儒教一尊の価値基準を相対化された。そして、儒教は漢を「聖漢《せいかん》」とする経義《けいぎ》を離れ、漢魏《かんぎ》革命を容認するに至る。曹操の文学宣揚は、次世代へどのように受け継がれることになったのか。

『典論』は文学の儒教からの独立宣言か

曹操は、多くの子に恵まれたが、嫡妻の卞《べん》夫人から生まれた長子の曹丕と三男の曹植《そうち》は、ともに秀でた才能をもっていた。とりわけ曹植は、父にも勝る抜群の文学的センスの持ち主で、曹操から寵愛《ちょうあい》された。曹操が名士に対抗するための文化として文学を尊重するほど、後継者争いでは曹植が有利となる。これに対し、名士の価値基準である儒教では、後継者は嫡《ちゃく》長子《ちょうし》でなければならない。曹植を兄の娘婿とするにもかかわらず、崔琰《さいえん》は、嫡長子相続を正当とする『春秋公羊伝《しゅんじゅうくようでん》』隠公元年《いんこう》の「春秋の義」に基づき、曹丕の立太子を主張した。荀彧亡きあと、名士の中心であった陳羣《ちんぐん》も、曹丕後継を積極的に支援する。

ただし、曹丕が文学を軽んじたわけではない。

文章は経国《けいこく》の大業（国を治めるうえで重大な仕事）であり、不朽《ふきゅう》の盛事《せいじ》（永遠に朽ちない営み）である。寿命は尽き、栄華もその身限りであるが、文章は永遠の生命をもつ。周の文王《ぶんおう》は易《えき》の原理を推《お》し広め、周公旦《しゅうこうたん》は礼《れい》を制定した。むかしの人は時間の過ぎ去ることを心配した。しかし、（今の）人びとは努力をせず、目先のことに追われ、千年のちにまで伝わる仕事を忘れてしまう。いま孔融たちはすでに亡く、徐幹《じょかん》だけが（『中論《ちゅうろん》』を著して）一家の言を立てている。

（『文選《もんぜん》』巻五十二・論二）

この文章は、中国近代文学の祖である魯迅により、文学の儒教からの独立宣言と位置づけ

3 経済・文化面でどんな功績があったのか?

なぜ、文学を重視したのか?

られ、近代的な文学観から見れば「文学の自覚時代」はここから始まる、と高く評価された。曹丕の『典論《てんろん》』論文篇は、この文章以外に、「建安の七子」や張衡《ちょうこう》・蔡邕《さいよう》などの辞賦《じふ》・書簡文の長所と短所を述べる部分をもつ。『典論』論文篇が、中国における文学評論の始まりといわれる理由もそこにある。

しかし、そうした過大評価は慎むべきで、『典論』論文篇は、中国文学の独立宣言とは言えない。その文章不朽論も、近代的な意味での「文学」ではなく、「一家の言」の不朽を言うものにすぎない。しかも、その典拠は、儒教経典の『春秋左氏伝《しゅんじゅうさしでん》』である。

最上は①立徳(徳を立てること)である。その次は②立功(功を立てること)である。その次は③立言(言を立てること)である。(言は)久しく廃《すた》れることはない。これを不《ふ》朽《きゅう》という。ただ名を受け継ぎ先祖を祀《まつ》るだけでは、ありふれたことで不朽とはいえない。

(『春秋左氏伝』襄公《じょうこう》伝二十四年)

『典論』論文篇の根底には、『春秋左氏伝』の「立言不朽」説が置かれているのである。これを儒教からの文学の独立宣言と言い難いことを理解できよう。あくまでも儒教理念に基づく①立徳が最上位に置かれ、国のために功績をあげる②立功の下に、③立言の不朽が位置づけられている。

梁・唐の対貴族政策の先駆

さらに、『典論』論文篇は、こうした儒教の立言不朽説を根底に置いたうえで、周の文王と周公旦という君主の「文章」、しかも儒教経典である易と礼を「不朽」としている。すなわち、曹丕の文章不朽論は、君主の「一家の言」の不朽に限定されたものである。となれば、曹丕が、徐幹もまた「一家の言」を立てたとすることは、徐幹の『中論』を文王の易・周公旦の礼と同格に位置づけたことになる。それは徐幹の『中論』が、曹操の政策を正統化・理論化していたためである。

曹丕の『典論』もまた、「一家の言」として自らの政治姿勢を著したものであった。『典論』は、第一に嫡長子である自らの即位を正統化し、第二に政策の典範・淵源をまとめたものであった。曹操が建安文学を宣揚するなかで、自ら作詩した楽府により表現した政治的な志を「論」として表現したといえよう。

さらに、『典論』は、文化的諸価値の収斂も目的としていた。その一つとして、曹丕は、父が宣揚し、自らも愛好した文学という新しい文化に対する価値基準を『典論』論文篇に示したのである。「経国の大業、不朽の盛事」と称賛された「文章」とは、父曹操と曹丕の政治を正統化・理論化した「一家の言」である『中論』と『典論』のことなのであった。

このように、君主権力にすべての文化を収斂し、文化の専有によって文化を存立基盤とする名士に対抗しようとする曹丕の営みは、梁《りょう》の武帝《ぶてい》・唐の太宗《たいそう》などの対貴族政策の先駆となる。父曹操の文学の宣揚と曹植の寵愛という意図に対して、曹植の後継を許さず、しかも文学を儒教の下に置き、「聖漢」の尊重から革命の容認へと変容した儒教により、漢魏革命を正統化した曹丕は、曹操の後継者にふさわしい才能の持ち主といえよう。

屯田制はなぜ成功したのか？

伊藤　涼

曹操を
理解するための
キーワード
12

屯田制

政治家・曹操の顔を代表する社会制度改革の一つである屯田制の施行。屯田制自体は前代から行われていたにもかかわらず、曹操が行ったものは何が違っていたのか？　戦乱の時代と社会状況に適したその特徴と影響とは何だったのか？

戦乱で困難をきわめた軍糧徴収

後漢《ごかん》末期、各地の群雄たちは慢性的な食糧不足に頭を悩ませていた。中平《ちゅうへい》元（一八四）年に起こった黄巾《こうきん》の乱以降、動乱が続き、食糧の消費が急激に進んでいたのである。たとえば、曹操《そうそう》のライバルである袁紹《えんしょう》は、公孫瓚《こうそんさん》と対峙《たいじ》するなかで食糧が尽き、桑の実でそれを代用することになったというし、また、その異母弟の袁術《えんじゅつ》は、曹操に敗《やぶ》れた際にどぶ貝を食糧とし、ついにそれも尽きて兵士が互いに相食《あいは》む有様となったという。このような窮乏に陥っていたのは曹操も例外ではない。曹操配下の程昱《ていいく》が軍糧に人肉を混ぜたというエピソードはその最たるもので、曹操軍においても、食糧の確保が最も緊急を要する課題となっていたのである。

もちろん後漢末の群雄たちは、食糧確保のために民から食糧の徴収を行っていた。しかし当時は、そもそも食糧を徴収することすら困難な状況であったといえる。というのも、たび重なる戦乱により、多くの民が自分の土地を棄て、流民《るみん》化していたのである。加えて、残された民からも容赦なく官軍や群雄が徴収を行ったことで、各地の穀物不足はますます深刻なものとなっていた。関東《かんとう》（函谷関《かんこくかん》以東の地域）一帯には、多くの流民と荒廃した田畑ばかりが残され、徴収できる穀物はほとんどなくなっていたのである。

曹操はこうした状況を打開すべく、建安《けんあん》元（一九六）年に屯田制《とんでんせい》を実施した。土地を失った流民を徴募し、勢力圏下の放棄された土地を貸し与えて、耕作させたのである。この屯田の具体的な内容は、五里四方の土地に対して六十人を配置し、一人あたりに五十畝《ほ》（三・三ヘクタール）を割り当てるというものであった。もちろんあくまで「屯田」なので、屯田民は有事の際には兵士として戦うが、曹操の主たる目的が食糧徴収にあったことは間違いない。屯田民は、一般の郡県民とは違う戸籍で管理され、通常よりも重い税を課されていたのである。

棗祇が主張した「分田の術」

では実際に、屯田民にはどれほどの税が課されていたのか。まずは屯田設置時に起こった、税の徴収方法についての議論から見てみることにしたい。

税の徴収方法について、もともと支配的であった意見は、耕牛一頭に対して一定額を賦課《ふか》するというものである。屯田制では、官から屯田民に、農具・耕牛・種子・糧食等が支給されるため、多くの識者はこの官から支給された耕牛一頭につき、一定額を賦課しようと考えたのである。しかし、のちに屯田制の功労者とされる棗祇《そうし》がこの方法に反対する。棗祇は、

3 経済・文化面でどんな功績があったのか?

屯田制はなぜ成功したのか?

後漢の首都・洛陽を守る西の防壁の役割を担った漢代の函谷関。後漢末期の相次ぐ戦乱により、関東一帯は荒廃し、食糧確保と流民対策が施政者の課題となった。現在、世界文化遺産に登録されている（河南省洛陽市）

耕牛に対して定額賦課を行えば、豊年の場合でも取り立てる穀物が増えることがなく、凶年の場合では収納が困難になると主張して、「分田《ぶんでん》の術」を採用するべきだとしたのである。曹操は最終的にこの棗祗の意見を採用し、非常に多くの収益を得る結果となったという。

棗祗が主張した分田の術とは、土地をもっていない者が、他人の土地を耕作して、その収穫を定率で納める方法をいう。つまり、曹操の屯田制では、その年の収穫量に応じた一定の割合での税徴収が行われていたということである。そして、分田の術の具体的な定率は、私牛によって耕作する者はその収穫の五割を徴収され、官牛によって耕作する者はその収穫の六割を徴収されるというものであった。これは、通常の民田《みんでん》（民の私有する田畑）の税率が収穫量の一割であったことを考えれば、じつに五、六倍もの負担を強いられていたことになる。

しかしながら、こうした重い税を受けてもなお、屯田民として徴募された流民たちは耕作を続けていた。流民として生活するよりも、屯田民として多くの税を搾取される道を選んだのである。このことから、当時の戦乱に巻き込まれた民がいかに困窮していたかを見て取ることができよう。

「曹操の屯田制」の成功

ここからはより具体的に、曹操の屯田制がなぜ成功したのかということについて考えてみたい。ただ、ここで気をつけなければならないのは、屯田制が曹操のオリジナルの政策ではなく、曹操以前から行われていた政策であったということである。屯田制は、漢代においても一般的に行われ、曹操の屯田制は漢代の政策を踏まえつつ展開されたものなのである。

漢代の屯田で、とくに有名なのは、前漢《ぜんかん》・宣帝《せんてい》の時代、趙充国《ちょうじゅうこく》の上奏によって行われた屯田であろう。異民族討伐に功のあった趙充国が、羌《きょう》族の反乱に際し、辺境を守っていた兵士たちに屯田を行わせて大勝を収めたのである。

趙充国による屯田以外にも、漢代の屯田は基本的に辺境地帯に設置され、その地域を防衛する兵士が耕作を担当した。つまり漢代の屯田は、異民族の防衛が第一義として存在し、そのうえで平時の労働力を耕作に充《あ》てていたのである。このように兵士が行う屯田は「軍屯《ぐんとん》」ともいい、一般的に屯田といえば、このような形式を指す。

そして、曹操の時代になっても、漢代と同様に軍屯は行われた。しかし、先に述べたように、曹操は土地を失った民を主対象として、一般の人民を徴募することでも屯田を行っている。こうした一般の人民を徴募して行われる屯田は、軍屯に対して「民屯《みんとん》」といわれるもので、曹操の屯田制の大きな特徴をなす。曹操は、軍屯が主であった屯田制に新たに民屯を導入し、それを屯田経営の中心としたのである。

しかも曹操の導入した民屯は、軍屯とは異なった管轄機構で管理されていた。漢代においても、曹操の時代においても、軍屯を管掌《かんしょう》するのは、刺史《しし》・太守《たいしゅ》といった郡県官であったが、これに対して民屯では、典農中郎将《てんのうちゅうろうしょう》・典農校尉《こうい》・典農都尉《とい》など、いわゆる「典農官」と呼ばれる専属の担当官が置かれたのである。この典農官は、事実上、曹操の私的機関であり、建安元（一九六）年から建安十二（二〇七）年までは曹操が直接的に支配し、建安十三（二〇八）年に曹操が丞相《じょうしょう》となってからは、中央政府の財政をつかさどる大司農《だいしのう》のもとに置かれている。つまり曹操は、自身の手の届く範囲に典農官を配置することで、民屯を直接的に管理していたのである。

以上を踏まえ、民屯を導入した曹操の屯田制の意義を考えてみると、まずそれが流民を主な対象としていることが注目される。土地を失って困窮している流民を対象としたことで、高額の税負担をかけながら、勢力下の余った労働力を利用することが可能となったのである。しかも軍屯が、対呉《ご》・対蜀《しょく》、あるいは対異民族の前線基地で行われたのに対し、民屯は、許《きょ》や洛陽《らくよう》を中心とする中原《ちゅうげん》地域で行われた。すなわち、後漢の戦乱によって荒廃した土地に対して民屯が導入されていたのである。こうした流民および荒廃した田畑の利用は、曹操の屯田制が当時の時代状況に合わせて登場した政策であったことを物語る。曹操は、余った土地に余った労働力を割き、そのうえで高額の税収入を得ることに成功したのである。

土地制度史上における意義

次に曹操の屯田制が研究上でどのように評価されてきたのかについて言及しておこう。屯田制研究は、これまで日本で非常に盛んに行われてきた。これは屯田制が、曹操の重要な政策であったばかりではなく、とくに土地制度史上で大きな意義のある事柄として扱われてきたためである。

土地制度史の研究上では、従来、曹操の屯田制は西晋《せいしん》の占田《せんでん》・課田制《かでんせい》を経て、北魏《ほくぎ》以降の均田制《きんでんせい》に連なるものとして注目されてきた。たとえば、中国史研究の大家である宮崎市定《いちさだ》は、「此迄屯田であった土地が課田となり、今迄の郡県民の土地が占田となり、此迄の屯田兵は課田法に服し、此迄の郡県民は占田法に服した」と述べて、屯田制から占田・課田制へとその土地制度が引き継がれていたことを説いている（「晋武帝の戸調式に就いて」『アジア史研究』東洋史研究会、一九五七年）。

ただ、こうした屯田制から占田・課田制への具体的な系譜関係は、研究者によって見解が異なっている。これは、史料上の問題で、占田・課田制の実態を明らかにするのがむずかしいことに理由が求められる。むしろ従来の研究は、屯田制の実態を明らかにすることで、占田・課田制の実態を明らかにしようという傾向が強かったのである。

しかし近年においては、占田・課田制研究の進歩によって、屯田制とは異なった角度から占田・課田制を明らかにする研究も増えている。占田・課田制の解釈は多岐にわたるため、ここで取り上げることはしないが、近年の方向としては、曹魏《そうぎ》の屯田制と西晋の占田・課田制とは、直接的にその土地制度が引き継がれていたわけではないと考える研究者も増えているようである。

しかしこのような研究の流れがあるにせよ、曹操の屯田制が、中国の土地制度史を考えるうえで大きな意味をもつことに変わりはない。また、土地制度史を考える以外に、当時の税体系や水利灌漑事業を知るうえでも重要な意味をもつ。曹魏の屯田制研究は、さまざまな視点からその意義が見出され、研究されてきたのである。

屯田制の変容とその後の時代にもたらした影響

さて、これまで述べてきたように、成果をあげた曹操の屯田制だが、時代が下り、魏末晋初になると廃止されることとなる。次にその経緯について見ていくことにしよう。

屯田制の経過を知るうえで重要な資料となるのが、明帝曹叡《めいていそうえい》の時代に大司農となった司馬《しば》芝《し》による上奏である。司馬芝は、民屯が行われた典農官所属の屯田、いわゆる典農部屯田における商業行為の禁止を要請し、曹叡に次のような上奏を行っている。

王者の統治というのは、根本を貴び末節を抑えて、農政に努めて穀物を重要視します。……武帝《ぶてい》曹操が屯田の官を開き、農業・養蚕《ようさん》に努めたことにより、建安年間は、天下に穀物が満たされ、民の生活も充足していました。しかし黄初《こうしょ》年間（二二〇～二二六年）以後は、典農官が管轄下の吏民に商業や手工業に従事させることを許し、部下の生計を立てようと図っております。これは国家の基本政策として正しいものではありません。……わたくしが思いますに、これ以上商業行為によって乱すべきではなく、農業・養蚕に専念することこそ、国家の方針として良いものでありましょう。

（『三国志』巻十二・司馬芝伝）

司馬芝によると、曹操の時代における屯田では、農業生産だけが行われていたが、曹丕が魏を建国した後の黄初年間以降は、典農部屯田で商業や手工業への従事が認められ、農業生産がおろそかになったという。つまり、魏の建国を境として、曹操の屯田制はその様相を大きく変え、本来の目的である農業生産以外の事業が認められるようになっていたのである。

では、なぜ曹操の時代から曹丕の時代に移ると、典農部屯田で農業生産以外の事業が認められ始めたのか。これには大きく二つの背景がある。

まず一つ目の背景は、曹丕の時代にまた新たな屯田が設置されたことである。先に曹操の時代には刺史・太守が管掌する屯田と、典農官が管掌する屯田があったことを述べたが、曹丕の時代には、さらに度支《たくし》中郎将・度支校尉・度支都尉といった度支系統が管掌する屯田が加わった。この度支屯田は、対蜀の前線基地に置かれたものだが、一方で典農部屯田と同じく、中央政府が管掌する屯田である。すなわち曹丕の時代には、中央に管理される、より軍事的な要素を強くもった屯田が新たに設置されたのである。これにより、魏建国以降、直接的な軍糧調達の役割は、実質的にこの度支屯田が担うこととなった。

二つ目の背景は、屯田制の実施と同時に、一般の郡県民に対する通常の勧農政策も進められていたことである。曹操の時代の当初より、曹魏では地方官が主導者となって、一般の郡県民に積極的に開墾を行わせ、それによって戸口《ここう》の増大を図っていた。これが曹丕の時代になると成果を見せ始め、屯田以外の食料収入が、曹操の時代と比べて増加したのである(西村元佑「魏晋の勧農政策と占田課田」『中国経済史研究——均田制度篇』東洋史研究会、一九六八年)。

こうした二つの背景により、曹丕の時代になると、典農部屯田は食糧確保の基盤としての役割を低下させ、商業行為を認められるまでに至る。それはすなわち、典農部屯田が、直接的な食糧収入という当初の役目を終え、国家の一般財源をまかなう機構へと変貌していたことを意味する。魏が建国されたころ、典農部屯田は、すでにその必要性が失われつつあったのである。

「曹操の屯田制」の終焉

そして、曹操の始めた屯田制は、ついに魏末晋初に廃止されることとなる。そのことを伝えるのは、次の『三国志』と『晋書《しんじょ》』の二つの記事である。

〔魏・咸熙《かんき》元（二六四）年〕是の歳、屯田官を罷《や》めて、以《もっ》て政役を均しくす。諸々の典農は皆 太守と為り、都尉は皆 令長と為る。（『三国志』巻四・陳留王紀《ちんりゅうおうき》）

〔晋・泰始《たいし》二（二六六）年〕農官を罷め、郡県と為す。（『晋書』巻三・武帝紀《ぶていき》）

これらの記事によれば、魏末晋初になると、屯田は郡県に編入され、典農官であった者は太守や県令・県長へと転身した。ただ、このように年代が異なった二つの記事があるのは、典農部屯田の廃止が一挙に行われたわけではないことを示している。井上晃によれば、魏・咸熙元（二六四）年に屯田官の廃止が発令され、屯田の管理官庁である典農部が廃止されたが、屯田民の耕作を監督する農官は依然として存続しており、その農官が泰始二（二六六）年になって廃官されたというのである（「魏の典農部廃止に就いて」『史観』五十二、一九五八年）。

そして、そうした典農部屯田の廃止にともない、その管理下にあった屯田民も一般の郡県民と同様の待遇を受けるようになる。これは、『三国志』の記事に見える「均政役（政役を均しくす）」という三字によってうかがえる。しかし、じつのところ、この「均政役」が具体的に何を意味しているのかは解明されておらず、屯田制研究の主要な争点となっている。

この三字の解釈は、屯田制が廃止された直接的な手がかりを知るものとして、これまで税役、兵役、徭役《ようえき》(労役)、それらの複合等、さまざまな解釈が出されているが、いまだ決着を見ていないのである。

しかしいずれにせよ、曹操軍の食糧問題を解決するために施行された屯田制は、魏の滅亡と時を同じくして廃止されることになった。後漢末の非常事態に施行された屯田制は、食糧収入の安定化とともに、魏が建国されるころには不要なものとなったのである。ただ、後漢末という時代状況を鑑《かんが》みて、曹操が屯田制という緊急の政策を大規模に取り入れたことは、むしろその卓見を示すものといえるのではないだろうか。

【主要参考文献】

西嶋定生「魏の屯田制――特にその廃止問題をめぐって」(『中国経済史研究』東京大学出版部、一九六六年)
越智重明「屯田」(『魏晋南朝の政治と社会』吉川弘文館、一九六三年)
藤家禮之助「曹魏の屯田制」(『漢三国両晋南朝の田制と税制』東海大学出版会、一九八九年)

時代の変革期に採用した税制政策の中身とは？

柿沼陽平

曹操を理解するためのキーワード
13

戸調制

曹操の覇業にとって欠かせない資金源であった税収入。社会が大混乱に陥った後漢末期、経済も変革期を迎えていた。曹操は自らの版図でそれまでの銭納人頭税を戸単位布帛納税へと見直したが、それは、当時の社会が抱えていた諸問題までも解決する手立てとなった。

後漢末群雄の財源確保への道

後漢《ごかん》末期から三国《さんごく》時代にかけて、政府の把握する人口は激減した。後漢桓帝《かんてい》の永寿《えいじゅ》三（一五七）年の人口は約五千六十四万人（万単位未満切り捨て。以下同じ）。一方、炎興元《えんこう》（二六三）年の蜀漢《しょくかん》人口は約九十四万人。景元《けいげん》四（二六三）年の曹魏《そうぎ》人口は約四百四十三万人、天紀《てんき》四（二八〇）年の孫呉《そんご》人口は約二百三十万人。これら三国の人口統計を総合すると、全土の人口は約七百六十七万人となる。他方、太康《たいこう》元（二八〇）年の西晋《せいしん》の人口は約千六百十六万人で、三国時代の人口（約七百六十七万人）と大きく齟齬《そご》し、誤差の理由には諸説あるが、ともかく後漢時代に比べて人口が激減していることに変わりはない。

その背景には、匈奴《きょうど》や西羌《せいきょう》といった外敵の侵攻や、自然災害の多発、さらには宦官《かんがん》や官吏による苛斂誅求《かれんちゅうきゅう》がある。しかも後漢末期の中原《ちゅうげん》（黄河《こうが》中下流域にあたる中華文化の中心地）では、首都洛陽《らくよう》が混乱し、皇帝の行方《ゆくえ》すら一時不明となるような内乱状況にあった。こうしたなかで群雄は、激減した人口より得られる税収をおもな財源とし、軍事力を蓄え、おのおのの版図拡大を図る必要に迫られた。なかには、不法に民の財を奪う行為（つまり略奪行為）をはたらいたり、私財を投じて挙兵をする群雄もいたが、それだけでは勢力を維持し続けることは難しい。結局、後漢以来の納税制度を活用し、自らの勢力を肥やすことが、群雄の生き残る道であった。その意味で、三国時代の税制を理解することは重要である。

群雄の多くは、合法的な徴税権力を獲得するため、州や郡の長官位を目指した。当時の行政区画は、数十人から数百人規模の里《り》を最小単位とし、複数の里をたばねる郷《きょう》、複数の郷をたばねる県《けん》、複数の県をたばねる郡《ぐん》、そして複数の郡をたばねる州《しゅう》よりなり、郡の倉庫には各地から集められた税金が納められた。遅くとも一八九年ごろには、州の長官が郡の税金と軍事を掌握するようになり、州の独立傾向が強まった。こうして群雄は、州郡の税金をおもな資金源とした。民から合法的に徴税し得る州郡長官は、群雄にとって魅力的な職位であった。曹操《そうそう》は挙兵当初、祖父の代から蓄積された私財や、知人の出資金をたよりにしたが、やはりのちに州長官となり、その税収をもとに覇業に乗り出した。では、曹操政権下ではどのような税制が施行されたのか。じつは曹操は、それまでの税制に改革を加えたようである。

秦漢以降、民衆に定着していた「夫耕婦織」の理念

漢代の租税にはもともと田租《でんそ》と算賦《さんぷ》という二種類があった。田租は毎年の農業生産物の一部を納付する制度である。算賦は銭納税である。このほかに、国家のために一定期間、肉体

労働に従事する義務も課せられたが、これは銭を代納することで回避できた。

ところが後漢後半期になると、上記税制は少しずつ変更され、銭納税制以外に、布帛納《ふはくのう》の税制もつけ加えられていった。その背景には、戦国《せんごく》時代より続く、いわゆる男耕女織《だんこうじょしょく》・夫耕《ふこう》婦織《ふしょく》政策と、それによる布帛生産量の増加の影響があった。まずはこの点を確認しておこう。

男耕女織とは「男は農地を耕し、女は機織《はたおり》をすべし」、夫耕婦織とは「夫は農地を耕し、妻は機織をすべし」の意味である。これは、もともと一部の学者（とくに儒学者）が主張していた理念にすぎなかったが、戦国時代の秦《しん》では早くも、「機織＝女性の仕事」・「妻は家内分業として機織をすべきである」・「家族の衣服は妻が織れ」の三点を前提として法律が立条されており、家内織物業が奨励《しょうれい》されていたことがわかる。前漢《ぜんかん》後期に儒家思想が官学化されると、男耕女織・夫耕婦織の理念と法律はますます民衆社会に浸透していった。

もちろん、採桑《さいそう》から機織にいたる織物業の過程は一つ一つ専門的な作業で、一人の人間が単独で担い得るものではなく、女性がすべてを担い得るわけでもない。たとえば桑《くわ》栽培には、高木栽培（梯《はしご》をかけて桑木に登り、枝伝いに桑葉を摘《つ》む）と低木栽培（低木種の桑葉を摘む）があり、前者は男手を要する。麻織物業の場合も、麻の茎を水に浸して繊維を取り出す重労働は男手を要する。また戦国時代の法律では、機織以外の作業（採桑・養蚕《ようさん》・紡績・裁縫《さいほう》）をする場合に男性の関与が認められている。さらにすべての漢代の女性が織物業に従事していたわけではなく、商業・農業・家内労働・雑務・乳母・卜者《ぼくしゃ》（占い師）・巫医《ふい》（祈禱治療師）に従事する者もいた。加えて漢代には、貴重な燎火《ともしび》の費用を節約し、かつ女性間の技術伝播《でんぱ》を促すため、燎火を囲んで郷里の女性が集団で夜中に機織を営んでいた例があり、機織も分業体制をとる場合があったと見られる。とはいえ、建前上は、男耕女織・夫耕婦織の理念は漢代を通じて掲げられた。また前漢武帝《ぶてい》期には塩鉄専売制が施行され、民が布帛を支払い、国家から塩鉄を購入するかたちが整えられた。前漢滅亡後の王莽《おうもう》期には官吏の俸禄が布帛で支払われた。その背景には布帛生産量の漸増《ぜんぞう》があったとおぼしい。

後漢本初《ほんしょ》元（一四六）年には、民に絹織物を定期的に課税する事例が登場する。それは「調《ちょう》」と呼ばれた。本来、調は賦銭《ふせん》（軍事費補塡《ほてん》用の徴収）・田租・塩鉄業収入などを臨時に徴発することを意味し、その額面や徴収対象は不定であったが、一部の地域では一四六年以前に、すでに一定量の絹織物を「調」として徴発していた。中央朝廷ではこれよりも前に、銭でなく布帛を納税物にすべきだとの議論が行われ、そのつど却下されてきたが、それは後漢中期に一部地域で現実化していたのである。かくして後漢末には算賦（銭納人頭税）と田租（穀物）のほかに、布帛立ての調も徴発された。そして後漢末には曹操がさらなる税制改革に着手する。

官渡の戦い以前から改革は実施されていた

曹操は、漢代以来の算賦(銭納人頭税制)の代わりに、戸調《こちょう》(戸単位布帛納税制)を定めた。細かく時間軸に沿って史料を見てみよう。まず、『三国志』巻九・曹洪伝《そうこうでん》の注に引く『魏《ぎ》略《りゃく》』に、

当初、太祖《たいそ》(曹操)が司空《しくう》(官職の最高位である三公《さんこう》の一つ)に就任したおりに、(曹操は)みずからが模範となって下々の者を引っ張ろうとし、毎年の「調」の徴発にさいしては、自身の本籍県にみずからの貲(財産)を評価させた。

とある。これは、曹操が司空に就任した建安《けんあん》元(一九六)年の史料である。曹操は出身県に自らの財産を調査・評定させ、それに見合った「調」を納めている。ここで注目すべきは、いわゆる戸調制制定以前に、すでに毎年「調」を納めることが慣習化していた点と、その納税額が財産の多寡《たか》に応じて決まっていた点である。

つづいて、袁紹《えんしょう》が曹操と雌雄を決すべく、南下を開始した建安二(一九七)年ごろの史料

に、『三国志』巻二十三・趙儼伝《ちょうげんでん》がある。

このとき袁紹は、兵を挙げて南方へ進軍し、使者を派遣して（曹操側である）豫《よ》州の諸郡を味方に招き入れようとした。多くの郡は袁紹の命令を受け入れた。陽安《ようあん》郡だけは動揺しなかったが、都尉《とい》（軍事をつかさどる）の李通《りつう》は急いで「戸調」を徴収した。趙儼は李通と面会してこう言った。「現在、天下はいまだ安定しておらず、諸郡はみな叛乱《はんらん》し、われわれに従っている者も綿絹を納付している。……少しのあいだ、『調』を緩和すべきである」と。

本文によれば、袁紹の攻勢に対して豫州内には裏切りがあったが、陽安郡のみは動揺しなかった。むしろ都尉の李通は豫州陽安郡の民から戸調を徴発し、積極的に曹操に貢献度を示そうとした。このとき豫州では、すでに「戸調」制が布《し》かれ、「綿絹」の徴発が常態化していたことがうかがえる。これに加えて田租もあった。

以上のように、後漢末には、少なくとも曹操の版図《はんと》内において、戸単位で毎年綿絹を徴発する「戸調」が常態化していた。このとき江南《こうなん》（長江南岸地域《ちょうこう》）では、後漢以来の算賦がなお存続していたので、戸調の施行と算賦の廃止は中原にかぎられていたことになる。そして

建安三~四(一九八~一九九)年になると、いよいよ戸調制は本格化する。すなわち『三国志』巻十二・何夔伝《かきでん》に、

このとき太祖(曹操)は初めて新科を制定して州郡に下し、また租を徴収し、綿絹を課税した。何夔は……そこで上言していった。「……私の統治している六県(長広郡《ちょうこう》のなかの長広・牟平《ぼうへい》・東牟《とうぼう》・昌陽《しょうよう》・不其《ふき》・挺《てい》の六県)の版図は平定されたばかりで、饑饉《ききん》も拡がっていっています。もし一律に整備すべく掟《おきて》を厳しくするならば、おそらく掟に従わない者も出てまいりましょう。……考えますに、長広郡への課税は、遠方の地域や新しい版図の規定に準拠させるべきです。民同士のささいな事は長吏に命じて臨機応変に対応させ……三年もすれば、民はみずからの生業に安住するでしょう。しかるのちに彼らを掟で律すれば、至らぬところはないでしょう」。曹操はその助言に従った。

とある。これは、建安三~四年の史料で、曹操が版図全域に田租(穀物)と綿絹を課税したこと、その際に遠方地域・新規参入地域・荒廃地域に一時的に減税を認めたことを示す。ここに銭納人頭税への言及はない。

徴税の実態を記した建安九年の三史料

それでは具体的にどの程度の課税額であったのか。ここで注目すべきが、建安九（二〇四）年の史料群である。それは、袁紹と曹操が中原の覇権をかけて争った官渡《かんと》の戦い（二〇〇年）ののち、曹操がさらに鄴《ぎょう》を奪った直後のことである。『三国志』巻一・武帝紀《ぶていき》・建安九年条に、

九月に令を出した。「河北《かほく》（黄河《こうが》北岸地域）は袁氏のせいで被害を受けたので、（その地の民は）今年の租賦《そふ》を支払うことのないようにする」と。豪族が土地を兼併《けんぺい》することを禁ずる法を厳しくし、人びとは大喜びであった。

とある。その裴松之《はいしょうし》注に引く『魏書《ぎしょ》』引「公令」に、

国を保ち、家を保つ者は、少なきを憂えず、均《ひと》しからざるを憂い、貧しきを憂えず、安からざるを患《わずら》う、とされる。袁氏の政治では、豪族には思いどおりにさせ、袁氏親族に

は土地兼併を許すものであった。下層民は貧弱で、豪族や袁氏親族の租賦《そふ》を肩代わりし、家財を売り払ってもなお命令に応ずるには不十分なほどであった。審配《しんぱい》は袁氏の宗族《そうぞく》であったが、そこで罪人をかくまい、亡命者の親玉となるに至った。人びとが懐《なつ》き、軍隊が強大となることを望んだとしても、不可能に決まっている。このたび田租を畝《ほ》ごとに四斗《と》ずつ取り立て、戸ごとに絹《きぬ》二匹《ひき》・綿《きぬわた》二斤《きん》を拠出させるだけとする。ほかに勝手に徴発することは許さぬ。

とある。『晋書《しんじょ》』食貨志《しょくかし》(財政状況を記したもの)に、

袁氏を平定し、それによって鄴都を平定するときになって、命令を下し、田租を畝ごとに粟《あわ》四升《しょう》(四斗の誤り)とし、戸ごとに絹二匹・綿二斤とし、そのほかはいずれも勝手に徴発し、強い者が蓄え、弱い者に課税することは許さなかった。

とある。

この三史料は、絹織物を収取する税制の存在を示す。ただし、中原には絹・布・縑《けん》(目の細かい絹)の産地がモザイク状に拡がり、全地域に一律に絹二匹・綿二斤を課すことはでき

ない。ゆえに現実的には、たとえば絹織物の産地に対しては絹織物を課税し、麻織物の産地に対しては所定の絹織物と同額相当の麻織物を課税していたと考えられる。

これらの史料はいずれも建安九年のものである。三史料の内容には相異点もあり、武帝紀が建安九年に租賦を課さないとしているのに対し、『魏書』引「公令」や『晋書』食貨志では畝ごとに粟四斗の田租と、戸単位の絹二匹・綿二斤を課している。前掲の趙儼伝や何夔伝に見えるとおり、遠方地域・新規参入地域・荒廃地域には減税が認められ、旧袁紹領の鄴でも減税措置がとられたと考えられるので、かりに畝ごとに粟四斗の田租と、戸単位の絹二匹・綿二斤が課せられたとしても、それは減税措置の結果であろう。つまり、曹操の版図内では、通常時にはもう少し高めの課税をしていたと思われる。また先述したように、実際の徴税過程においては、個々の戸の財産に応じて、税額は上下した。おそらく固定税額と人口を積算し、郷単位で徴税額を定め、実際には郷里内の財産額に応じて個々別々に納税をさせていたものと考えられる。ともかくこうして曹操は銭納人頭税制から戸単位布帛納税制への移行を推し進めたのである。

戸調制がもたらした波及効果

既述のとおり、後漢末の家々では布帛を生産するのが一般的になりつつあり、民は自家生産した織物の一部をそのまま納税すればよい。その意味で、戸調制は時代の変化に即したものであった。これによって、農民はわざわざ農産物を商人に売却して銭を入手し、銭で納税する必要がなくなる。従来は、農民が農産物を商人に売却して銭を入手する際、商人が利鞘《りざや》を稼ぎ、それが貧富の格差を生み出していたが、戸調制はその是正につながる。また麻や桑の植樹は、民(流民を含む)を土地に定着させることにもなる。

さらに、戸単位での納税には利点がある。後漢末の戦乱期には人口調査や土地調査が困難で、厳しく人頭税を徴収するのは困難であった。地方豪族は流民を小作人として囲い込み、その人数を秘匿《ひとく》していた。前掲『魏書』引「公令」では、袁氏配下の審配がまさにそういう行為をしていたことが告発されている。君主は本来、地方豪族の支配領域にメスを入れて徹底的に人口調査をすべきであるが、そのようなことをすれば、地方豪族は反旗を翻《ひるがえ》し、敵勢力に通じる危険があった。ゆえに曹操は、あえて戸数を把握し、戸単位で課税し、戸内の人数を厳密に把握することを控えたのであろう。

くわえて、布帛は本来細かく裁断すると価値がなくなるので、各人に少量ずつを納付させるよりも、戸単位で一括納税させるほうがよい。さらに夫耕婦織政策は、戸単位で男性が農作業に、女性が織物業に従事することを奨励するもので、戸単位布帛税はその政策とも連動する。戸単位で穀物と布帛を納税せねばならないとなれば、未婚の男女は不利となり、結果的にこれは、結婚奨励・人口増加政策としての側面も有することになる。

以上、曹操の戸調制は当時の状況に即したもので、複数の波及効果も期待できるものであった。なお、蜀漢でも布帛納税制が施行されたと思われるが、実態は不明である。一方、孫呉では、後漢以来の算賦のほかに、田畑に応じた租税があり、穀物と布帛を納付させるものであった。つまり税制面においては、曹魏でも蜀漢でもなく、孫呉が最も漢制に近いといえる。その理由は、孫呉の版図である江南地域が、寒冷化にともなう自然災害や、外敵（西羌や匈奴）の侵入、さらには中央朝廷内における政争や黄巾《こうきん》の乱の影響をあまり受けておらず、漢代以来の生産基盤が残されていたからであろう。

逆に中原では、後漢末の大混乱を受け、税制を大々的に変革する必要に迫られた。曹操の戸調制は、それに対応した税制であった。それは、西晋時代の戸調制（原則として戸ごとに絹三匹・綿三斤を収取する西晋戸調制）に受け継がれる。近年、湖南《こなん》省郴州《ちんしゅう》市で出土した西晋初期の木簡《もっかん》にも、「戸調」の語が確認でき、年単位で布帛を課税していたことが裏づけられる。民間の商品取引では、三国時代とそれ以降も、なお漢代以来の五銖銭《ごしゅせん》が多用されたが、それとは別に、布帛は納税手段として重視された。そうした布帛の重要性は、唐《とう》代の租庸《そよう》調制《ちょうせい》にもつながる。その意味で、後漢末期は、税制史上の転換点であったといえるのである。

なぜ、料理本『魏武四時食制』を著したのか?

石井　仁

曹操を理解するためのキーワード
14

魏武四時食制

「コイは魚醤の原料になる」「ナマズは蒸して調理する」——北宋初めに編纂された百科事典『太平御覧』にその一部が残る、曹操が記した料理本。武芸・芸術など知識人としても名高い曹操だが、食材・料理を研究することは、統治上の意外な貢献をしていた。

なぜ曹操が著した料理本とされるのか

曹操《そうそう》の伝記『三国志《さんごくし》』武帝紀《ぶていき》の注に引く王沈《おうちん》『魏書《ぎしょ》』に、

文武を兼備し、軍隊を統率すること三十余年であったが、書物を手放さず、昼は作戦を練り、夜は経伝《けいでん》(儒教の経典とその解説書)を思索する。高い場所に登れば必ず詩を詠《よ》み、新作を作り、曲を付ければ、楽章になる。……宮殿を建築し、器械を製作する際には、いつも意のままに設計図を画く(文武並施、御軍三十余年、手不捨書、昼則講武策、夜則思経伝。登高必賦、及造新詩、被之管弦、皆成楽章。……及造作宮室、繕治器械、無不為之法則、皆尽其意)。

とあるように、曹操は軍務のかたわら、経伝の研究に余念がなく、作詩作曲をし、建築学・工学にも造詣が深かった。このほか、兵法に精通し、『孫子《そんし》』に注釈をほどこし、『兵書接要《へいしょせつよう》』を著したことは有名である。さらに、武芸にすぐれ、書道・音楽などの芸術、囲碁のような知的ゲームにも非凡な才能を発揮した(『三国志』武帝紀の注に引く張華《ちょうか》『博物志《はくぶつし》』)。三国時代はもちろん、中国史を通じても、最高の知識人の一人といってよい。

北宋《ほくそう》の初めに編纂された百科事典『太平御覧《たいへいぎょらん》』の引用図書一覧に、『魏武四時食制《ぎぶしいじしょくせい》』という書名が掲載されている。この書物に関する記録は皆無で、『太平御覧』などの類書、あるいは本草学《ほんぞうがく》の書、地方志などに引用され、微々たる佚文《いつぶん》が伝えられているにすぎない。しかし、「魏武」という熟語は、一般的にいえば「魏武帝」の略称、曹操を指している。さらに、中国の書物はしばしば著者名と一体化して表記されるから、これに従えば、この書は曹操の著作ということになる。

『魏武四時食制』はすでに散佚《さんいつ》しており、全体の構成ないし内容について、何ひとつわかっていない。ただし、唐《とう》初の図書目録『隋書《ずいしょ》』経籍志《けいせきし》三・子部《しぶ》・医方《いほう》類には、「崔氏食経《さいしょくけい》四巻。食経十四巻。梁《りょう》に食経二巻あり。また食経十九巻、劉休食方《りゅうきゅうしょくほう》一巻、斉《せい》の冠軍将軍《かんぐんしょうぐん》劉休撰すも、亡ぶ。……四時御食経一巻。梁に太官《たいかん》食経五巻あり。また太官食法《しょくほう》二十巻、……亡ぶ。……食経三巻。馬琬《ばえん》撰す。……淮南王《わいなんおう》食経幷《なら》びに目《もく》百六十五巻。大業（隋煬帝《ようだい》の年号。六〇五〜六一七年）中、撰す」とあるように、類似の書名が多数掲載されている。このうち、『太官食経』などの「太官」とは、少府《しょうふ》（宮内庁）に所属し、天子《てんし》の飲食をつかさどる部署である（『続漢書《ぞくかんじょ》』百官志《ひゃくかんし》三・少府の条）。また、『劉休食法』などの撰者劉休（四二九〜四八二）は、宋の明帝《めいてい》（劉彧《りゅういく》、在位四六五〜四七二）に近侍《きんじ》し、趣味ないしグルメの指南役として重用された(『南斉書《なんせいじょ》』劉休伝)。

とすれば、『魏武四時食制』もまた子部・医方類に分類され、料理・献立に関する書物だった可能性が高い。『顔氏家訓《がんしかくん》』書証篇《しょしょう》にも「魏武四時食制」という書名で引用されているから、少なくとも、南北朝《なんぼくちょう》末期に本書が存在していたことは確実であり、なおかつ、顔之推《がんしすい》(『顔氏家訓』の著者、五三一~六〇二)のような知識人も参照する、内容に定評のある書物だったことがうかがわれる。

現在残るわずかな内容から垣間見えるもの

『曹操集』(中華書局、一九五九年)は、『太平御覧』鱗介部《りんかいぶ》から十三条、『初学記《しょがくき》』から一条、合計十四条の佚文を収録している。さらに、明《みん》の謝肇淛《しゃちょうせい》『滇略《てんりゃく》』(雲南《うんなん》の地方志)に引用された一条を加え、管見のかぎり、現在確認できる佚文は十五条、すべて魚類ないし水生生物に関する記事である。

①郫《ひ》県(四川《しせん》省成都《せいと》市)のコイ【『太平御覧』巻九百三十六・鱗介部八・鯉魚《りぎょ》】
②江陽《こうよう》・犍為《けんい》郡(四川省南部)のチョウザメ【同上・鮔䱤《こうぼう》】

③ナマズ【同上巻九百三十七・鱗介部九・鮎魚《でんぎょ》】
④東海《とうかい》（東シナ海）のクジラ【同上巻九百三十八・鱗介部一〇・鯨鯢魚《げいげいぎょ》】
⑤揚州《よう》（江蘇《こうそ》・浙江省《せっこう》）の海牛魚（哺乳類？）【同上・牛魚】
⑥豫章《よしょう》（江西省南昌市《こうせいなんしょう》）明都沢のエツ【同上巻九百三十九・鱗介部十一・望魚】
⑦海水魚の干物【同上・蕭拆魚《しょうたくぎょ》】
⑧淮水《わい》・太湖《たいこ》（江蘇省）のヨウスコウカワイルカ【同上・鯆鮬魚《ふはいぎょ》】
⑨アカエイ【同上・蕃蹹魚《はんとうぎょ》】
⑩滇池《てんち》（雲南省昆明市《こんめい》）の髪魚（哺乳類？）【同上巻九百四十・鱗介部十二・髪魚】
⑪郫県の蒲魚（不明）【同上・蒲魚《ほぎょ》】
⑫東海のアカヤガラ【同上・梳歯魚《そしぎょ》】
⑬北海《ほっかい》（日本海）のホンニベ【同上・斑魚《はんぎょ》】
⑭孟津《もうしん》（河南省洛陽市《かなんらくよう》）のチョウザメ【『初学記』巻三十・魚・鱣魚《せんぎょ》】
⑮滇池のフナ【『滇略』巻三・産略・鯽魚《そくぎょ》】

食材の観点からは、①郫県産のコイが魚醤《ぎょしょう》の原料になること、②チョウザメは軟骨も食用になること、③ナマズを蒸して調理すること、⑫アカヤガラの味が豚肉に似ていること、⑭

チョウザメをなれ鮨《ずし》にすること、⑮滇池のフナは冬が美味であること、などが記されている。一方、⑥エツ(カタクチイワシ科のサカナ)の形が短刀に似ていること、⑨アカエイが猛毒の針をもち人を刺すこと、⑬ホンニベの頭骨に耳石(平衡石)があることなどは、純粋に生物学的な観点からの叙述である。④クジラ、⑧イルカに関する説明も、詳細かつ正確である。

また、産地別に見れば、四川が三例(①②⑪)、雲南が二例(⑩⑮)、江蘇・浙江が二例(⑤⑧)、江西が一例(⑥)、河南が一例(⑭)、海洋が三例(④⑫⑬)、地域を特定しないものが三例(③⑦⑨)である。

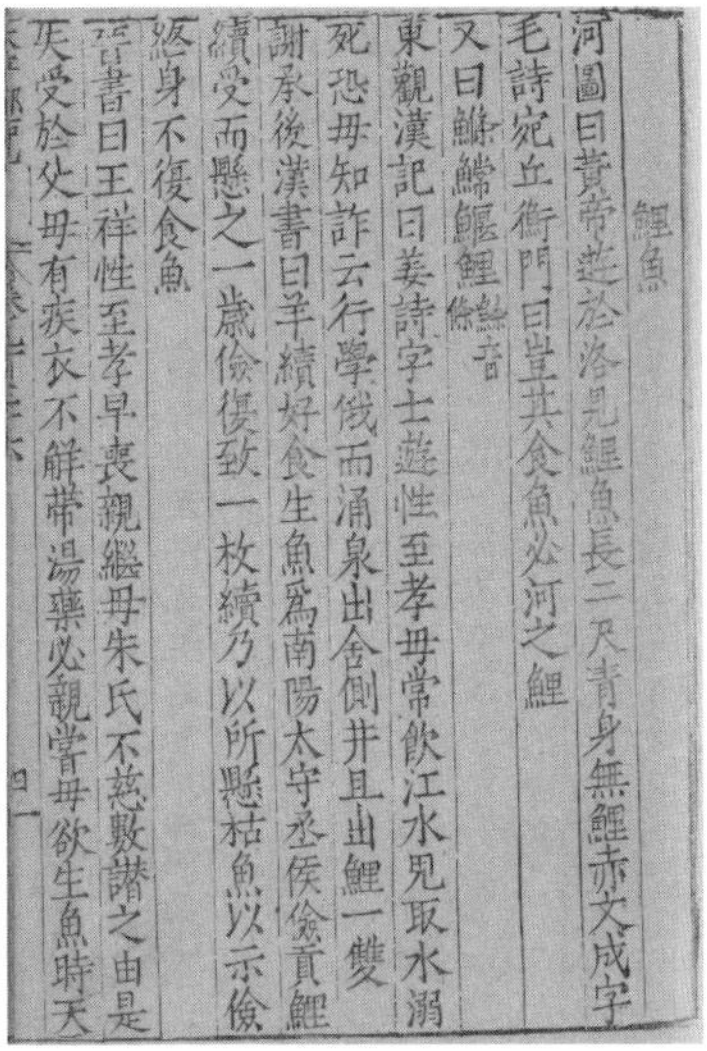
鯉魚
河圖曰黄帝遊於洛見鯉魚長三尺青身無鱗赤文成字
毛詩宛丘衡門曰豈其食魚必河之鯉
又曰鱣鮪鰋鯉
東觀漢記曰姜詩字士遊性至孝母常飲江水兒取水溺
死恐母知詐云行學俄而涌泉出舍側井且出鯉一雙
謝承後漢書曰羊續好食生魚爲南陽太守丞侯儉貢鯉
續受而懸之一歳儉復致一枚續乃以所懸枯魚以示儉
終身不復食魚
晉書曰王祥性至孝早喪親繼母朱氏不慈數譖之由是
失愛於父母有疾衣不解帶湯藥必親嘗母欲生魚時天

『太平御覧』の「鯉魚」の項目(饒世仁等による16世紀ごろの銅活字版。国立国会図書館蔵)

佚文から推測される『魏武四時食制』は、料理・調理というより、むしろ本草学の性格が強く、産地が提示されている点に着目すれば、名物学もしくは地理書の体裁にも似ている。

曹操が本草学を修めていたことは、毒殺されることを警戒し、毒草の「野《の》葛《くず》」を食べ、「鴆酒《ちんしゅ》」(鴆という鳥の羽から抽出される毒酒)を飲む訓練をしていたという記述（『三国志』武帝紀の注に引く張華《ちょうか》『博物志』）からもうかがわれる。また、『太平御覧』香部二・楓香《ふうこう》に引く『魏武令《ぎぶれい》』に「部屋が不潔なら、（消臭のため）楓《ふう》（マンサク科の落葉植物）の樹液、および蕙草《けいそう》（ランの類）を焼くことを許可する」とあり、同上・香部三・蕙草に引く『広志《こうし》』に「蕙草は緑色の葉、紫色の花びらが特徴である。曹操はこれを焼き、香として用いた」とあり、同上・蘼蕪《びぶ》に引く『広志』に「蘼蕪（和名テンモンドウ）は香草である。曹操はこれを衣服の中に忍ばせていた」とあるように、香草に関する知識が豊富だったことも知られている。『魏武四時食制』が曹操の著作であるのは、間違いないだろう。本書が曹操の手になるとすれば、このような学問・教養を身につけることは、彼にとっていかなる意味をもっていたのだろうか。

辺境異民族対策としての情報収集

各地の戸口・物産・風俗などの情報は、国家機密として厳重に管理された。前漢《ぜんかん》の高祖《こうそ》が覇権争いを優位に進めることができたのは、咸陽《かんよう》（秦《しん》の都、現在の陝西《せんせい》省咸陽市）に入城した際（前二〇六年）、蕭何《しょうか》が秦の中央官庁である丞相府《じょうしょうふ》・御史台《ぎょしだい》などに保管されていた律令、および地図・公文書の類を接収したからだといわれている（『漢書』蕭何伝）。当然、国家権力はこうした情報の収集に熱心だった。後漢《ごかん》の李恂《りじゅん》は北辺の幽《ゆう》州（現在の北京地方）に派遣された際、通過した地域の「山川・屯田《とんでん》・聚落《しゅうらく》」の絵図を作製し、章帝《しょうてい》（劉炟《りゅうたつ》、在位七五～八八）に提出した（『後漢書』李恂伝）。

モンゴル高原を本拠地とする遊牧国家の匈奴《きょうど》が内戦によって南北に分裂すると（四八年）、後漢王朝は匈奴、ならびに匈奴の支配下にあった遊牧諸民族（いわゆる五胡《ごこ》）の直接統治に乗り出した。この政策を担ったのが、長城沿いの要衝に列置された、以下の軍政機関である（まぎらわしいが、長官職名も同じ）。①護烏桓校尉《ごうがんこうい》（四九年設置）は上谷《じょうよく》郡甯《ねい》県（現在の河北《かほく》省張家口《ちょうかこう》市）に駐屯し、烏桓・鮮卑《せんぴ》を統治する。②使匈奴中郎将《しきょうどちゅうろうしょう》（五〇年設置）は西河《せいが》郡美《び》稷《しょく》県（内モンゴル自治区オルドス市ジュンガル旗）に駐屯し、南匈奴を監視する。③護羌《ごきょう》校尉（三三年設置、七六年以後常設）は金城《きんじょう》郡令居《れいきょ》県（甘粛《かんしゅく》省蘭州《らんしゅう》市）、もしくは隴西《ろうせい》郡狄道《てきどう》県（甘粛省定西《ていせい》市）に駐屯し、羌・氐《てい》を統治する。四夷《しい》中郎校尉、もしくは蛮府《ばんふ》（『宋書《そうじょ》』百官志下）と総称される。さらに、④度遼将軍《どりょうしょうぐん》（六五年設置）が五原《ごげん》郡曼柏《まんはく》県（内モンゴル自治区バヤンノール市）に駐屯し、西北辺境の最高長官として、四夷中郎校尉、および当該地域の州郡を統轄する。度遼将軍と四夷中郎校尉は、二千石（＝郡太守《たいしゅ》）以下の官民を斬ることのできる「使持節《しじせつ》」の官であり、駐屯地に幕府を開き、軍政を施行した。ただし、後漢王朝は非漢族統治の経験に乏しく、結果的に辺境地域の慢性的な騒乱を招き、軍事ないし治安維持のために莫大な国家予算を費やしたことが、帝国の崩壊につながった。

後漢末、使匈奴中郎将となり、北辺の防衛に当たった臧旻《ぞうびん》（広陵《こうりょう》の人）という官僚がいる。揚州刺史《ようしゅうしし》に在任中、現在の江蘇・浙江両省に猛威をふるった許昭《きょしょう》の反乱（一七二〜一七四年）を鎮圧し、武名をあげる。のちに太尉《たいい》の袁逢《えんほう》から西域（現在のトルキスタン）の社会情勢・風俗・物産などについて質問されると、図と絵を描きながら、言葉を尽くしてていねいに説明する。袁逢が感嘆して言うには、「班固《はんこ》の漢書《かんじょ》西域伝も、君の解説に付け加えるところはない」と（『三国志』臧洪伝《ぞうこうでん》の注に引く謝承《しゃしょう》『後漢書』）。南北の辺境統治に手腕を発揮した臧旻は、中国内外の地理・社会経済・文化に精通する教養人だったのである。なお、子の臧洪《ぞうこう》（?〜一九六ごろ）は後漢末の群雄の一人である。はじめ袁紹《えんしょう》と結んでいたが、旧主の張超《ちょうちょう》（およびその兄の張邈《ちょうばく》）が曹操に追い詰められると、これを救援しようとして袁紹と対立し、滅ぼされた。

エリート教育の一環としての本草学

曹操の祖父で宦官《かんがん》の曹騰《そうとう》は盛んに「海内《かいだい》」の士大夫《したいふ》と交際し、張奐《ちょうかん》（弘農《こうのう》の人、一〇四〜一八一）など、彼の推挙によって出世した者も多く、种暠《ちゅうこう》（河南洛陽の人、一〇三〜一六三）

はとくに目をかけられた。种暠に認められた皇甫規《こうほき》（安定《あんてい》の人、一〇四〜一七四）と橋玄《きょうげん》（梁国睢陽《すいよう》の人、一〇九〜一八三）、皇甫規に師事した李膺《りよう》（潁川《えいせん》の人、一一〇〜一六九。のちに党錮《こ》の獄《ごく》によって刑死）も含め、桓帝《かんてい》（劉志《りゅうし》、在位一四六〜一六七）・霊帝《れいてい》（劉宏《りゅうこう》、在位一六八〜一八九）の時代、いずれも度遼将軍、および四夷中郎校尉（もしくは北辺・西辺の州刺史、郡太守）を歴任し、西北辺境の統治、ないし外交に活躍した。いわゆる「西北の列将」（『後漢書』李雲伝《りうんでん》）である。なお、种暠と橋玄は、中央に召還されたのち、三公《さんこう》に昇進している。

橋玄が「天下将に乱れんとす」と語ったように、「西北の列将」は辺境統治の経験から、帝国の支配体制に異変が生じることを確信していた。そして、混乱を収拾する切り札として、曹操に白羽の矢を立てたのである。『三国志』武帝紀の注に引く『魏武故事』の「建安十五年十二月己亥令」に、

> わたしは典軍《てんぐん》校尉に任命されると、ゆくゆくは征西将軍となって天子のために夷狄《いてき》を討ち、手柄を立てて列侯《れっこう》に封ぜられ、自分の墓に「漢故征西将軍曹侯之墓」と記したいと熱望したのである（遷典軍校尉、意遂更欲為国家討賊立功、欲望封侯作征西将軍、然後題墓道言、漢故征西将軍曹侯之墓）。

とある。黄巾《こうきん》の乱後、霊帝《れいてい》は西園《せいえん》軍を編成し、西園八校尉《はちこうい》を新設した（一八八年）。このとき、曹操は典軍校尉に起用され、西北辺境における軍事的成功を志したというのである。「西北の列将」の政治目標——「立功立事」（『後漢書』种暠伝）、「為国家立功辺境」（同上・張奐伝）の継承を意味する。曹操が足繁く橋玄の屋敷を訪れ、家族同然の待遇を受けていたことは、建安《けんあん》七（二〇二）年、橋玄の墓に捧げた祭文《さいぶん》に詳しく述べられている（『三国志』武帝紀の注に引く「褒賞令《ほうしょうれい》」）。

幼いころ、愚か者の私は、堂室（＝私室）に招かれ、大君子のあなたに目をかけていただきました（私室に通されることは、家族とみなされることを意味する）。……またあるとき、こんな約束をさせられました、「わしの死後、墓の近くを通りかかったら、一羽の鶏と一斗の酒を供えてくれ。もし約束を破れば、三歩も行かないうちに、腹痛を起こすだろうが、怪しんではならぬ（わしの霊が怒り、祟《たた》っているからだ）」と。たとえ冗談でも、心を許した相手でなければ、こんなことは言わないでしょう。あなたの霊が怒り、病になるのが恐くてお祭りするわけではありません。過ぎし日のあなたとの思い出に、胸がつまりそうになるからなのです（吾以幼年、逮升堂室、特以頑鄙之姿、為大君子所納。……又承従容約誓之言、殂逝之後、路有経由、不以斗酒隻鶏相沃酹、車過三歩、腹痛勿怪。雖

臨時戯笑之言、非至親之篤好、胡肯為此辞乎。匪謂霊忿、能詒己疾、懐旧惟顧、念之悽愴）。

橋玄もまた、曹騰（もしくは曹操の父曹嵩《そうすう》）の人脈に連なる士大夫の一人と見られ、曹操はそのようなイエ同士の交際を通して、橋玄や張奐（子の張猛《ちょうもう》はのちに曹操政権の幹部となるが、武威《ぶい》太守に任命されると、雍《よう》州刺史の邯鄲商《かんたんしょう》を私怨《しえん》によって殺害し、韓遂《かんすい》に討たれる）、あるいは李膺（子の李瓚《りさん》は曹操の才能を高く評価し、臨終の際、子どもたちに曹操を頼るよう遺言する）らと親密な関係をもち、後漢の辺境政策を担う人材としてエリート教育を受けていたらしい。『魏武四時食制』の佚文に垣間見られる本草学、ないし博物学的な教養は、そのような要請に応じて修得されたものと思われる。

民の食糧・医療事情を知ることで曹操の覇業に寄与

辺境統治、もしくは対外政策のために培われた曹操の学問と教養は、はからずも、内戦において真価を発揮することになる。唐の杜佑《とゆう》による『通典《づてん》』兵典二に引かれる『魏武軍令』に、行軍の際、耕作地のモモ・スモモ・アンズなどの五果、クワ、ザクロ、コナツメ、ナツメを切ってはいけない（軍行、不得斫伐田中五果・桑・柘・棘・棗）。

とあるように、曹操の軍令の一つに、民間人が栽培する果実ないし果樹の掠奪《りゃくだつ》を禁じた条項がある（クワの葉はもっぱら養蚕《ようさん》に用いられるが、クワの実＝椹《じん》は食用になる）。兵士にしてみれば、気軽に盗める「おやつ」でしかないが、『本草綱目《ほんぞうこうもく》』などを見ればわかるように、上記の果実はたんなる嗜好《しこう》品ではない。葉や樹液・樹皮なども含め、民衆にとっては大切な医薬品であり、飢饉《ききん》・災害などの際には非常食にもなる。曹操は本草学の知識を通して、民間の医療ないし食糧事情をよく理解していたのだろう。些細《ささい》なことではあるが、曹操の覇権確立に寄与したのは間違いない。

後漢の主要官職一覧

「前漢職官表」『中国古典文学大系』、渡邉義浩『三国志事典』などを参考にして作成

〈中央官僚〉
皇帝――（相国・丞相）――三公――九卿

相国（しょうこく）・**丞相**（じょうしょう）
三公の上に位置する非常設の役職。前漢以降、董卓が初めて相国に就き、曹操は長く廃止されていた丞相に就いた

【三公（さんこう）】　臣下として最高位の官職
太尉（たいい）　軍事の最高責任者。三公の首に置かれた
司徒（しと）　政治の最高責任者
司空（しくう）　官吏の監察や土木事業の最高責任者
【九卿（きゅうけい）】　三公とともに政策を決定

後漢の主要官職一覧

太常（たいじょう）　礼儀・祭祀や天使の儀仗、博士の考課を管掌
→博士、太学博士、太史令など
光禄勲（こうろくくん）　宮門の宿衛や殿中侍衛士、侍従を管掌
→五官中郎将、左右中郎将、謁者僕射など
衛尉（えいい）　宮門内の警護、宮中巡邏を管掌
→公車司馬令、衛士令など
太僕（たいぼく）　天子の車馬・行幸を管掌
→左右中牧官都尉、考工令など
少府（しょうふ）　帝室財政および宮中の服飾や膳を管掌
→材官校尉、太医令など
大鴻臚（だいこうろ）　諸侯・帰順した異民族を管掌
→客館令など
宗正（そうせい）　皇族一般について管掌
→諸公主毎主家令など
大司農（だいしのう）　国家財政と貨幣、穀物を管掌
→典農中郎将、度支中郎将など

廷尉（ていい）　裁判・刑獄を管掌
　↓廷尉正、律博士など
【その他】
大長秋（だいちょうしゅう）　皇后府の最高責任者。宦官が就くことが多い
侍中（じちゅう）　天子の側近で侍中府の最高責任者
中常侍（ちゅうじょうじ）　内宮の諸事を統括する侍従
録尚書事（ろくしょうしょじ）　天子の側近事務を統括。国政の最高責任者が兼務
尚書令（しょうしょれい）　公文書発行などを行う尚書台の長官

〈軍人〉
皇帝――（大将軍）――驃騎将軍・車騎将軍・衛将軍――四征将軍

大将軍（だいしょうぐん）　非常設の将軍の最高位
驃騎将軍（ひょうきしょうぐん）　常設将軍の最高位。三公と同等の格式
車騎将軍（しゃきしょうぐん）　驃騎将軍に次ぐ地位。反乱の征伐にあたる

衛将軍（えいしょうぐん） 車騎将軍に次ぐ地位。宮城を護衛する禁軍の総司令官

四征将軍（しせいしょうぐん） 東西南北の各方面軍司令官。都督として管轄地域の民政も管掌

〈**地方官**〉
（州）州刺史・州牧・司隷校尉――（郡・国）国相・太守・都尉・河南尹――（県）県令・県長

州刺史（しゅうしし） 州の行政長官。州牧と改称されることも

州牧（しゅうぼく） 行政権とともに軍政権を兼ねる州の長官

司隷校尉（しれいこうい） 首都近郊の監察や治安維持を管掌

国相（こくしょう） 国の行政・治安・官吏の推挙などを管掌

太守（たいしゅ） 郡の行政・治安・官吏の推挙などを管掌

都尉（とい） 郡・国の治安維持を管掌

河南尹（かなんいん） 洛陽が属する河南郡を管掌

県令（けんれい） 大県・中県の行政・治安を管掌

県長（けんちょう） 小県の行政・治安を管掌

〈執筆者紹介〉＊五十音順

石井　仁　いしい・ひとし
一九五八年、福島県生まれ。東北大学大学院文学研究科博士課程単位取得退学。現在、駒澤大学文学部教授。著書に『魏の武帝　曹操』（新人物文庫、二〇一〇年）、『漢文講読テキスト　三国志』（共著。白帝社、二〇〇八年）、『中国史概説』（共著。白帝社、一九九八年）などがある。

伊藤　涼　いとう・りょう
一九九三年、東京都生まれ。早稲田大学大学院文学研究科東洋哲学コース修士課程修了。修士（文学）。現在、早稲田大学大学院文学研究科東洋哲学コース博士課程在籍。論文に「何晏の政治観―玄学萌芽を考えるために―」（『國學院雜誌』一一八（九）、國學院大學総合企画部、二〇一七年）などがある。

柿沼陽平　かきぬま・ようへい
一九八〇年、東京都生まれ。早稲田大学大学院文学研究科修了、博士（文学）。現在、帝京大学文学部准教授。著書に『中国古代貨幣経済史研究』（汲古書院、二〇一一年）、『中国古代貨幣経済の持続と転換』（汲古書院、二〇一八年）などがある。

佐々木正治　ささき・まさはる
一九七三年、埼玉県生まれ。四川大学歴史文化学院考古学専攻博士課程修了。現在、江蘇師範大学外国語学院日本語専攻講師。論文に「中国三国時代の考古学―中国古代陵墓発展における曹操高陵の位置づけ」（『三國志研究』第一二号、二〇一七年）などがある。

仙石知子　せんごく・ともこ
一九七一年、東京都生まれ。中国南開大学中文系卒業。大東文化大学大学院文学研究科中国学専攻修了、博士（中国学）。早稲田大学大学院文学研究科にて論文により学位取得、博士（文学）。現在、早稲田大学非常勤講師。著書に『明清小説における女性像の研究―族譜による分析を中心に―』（汲古書院、二〇一一年）、『毛宗崗批評「三国志演義」の研究』（汲古書院、二〇一七年）、『「三国志」の女性たち』（共著。山川出版社、二〇一〇年）などがある。

高橋康浩　たかはし・やすひろ
一九七五年、静岡県生まれ。大東文化大学大学院文学研究科博士後期課程修了、博士（中国学）。現在、早

執筆者紹介

稲田大学非常勤講師。著書に『韋昭研究』(汲古書院、二〇一一年)、『武将で読む 三国志演義読本』(共著。勉誠出版、二〇一四年)などがある。

田中靖彦　たなか・やすひこ
一九七七年、長野県生まれ。東京大学大学院総合文化研究科博士課程修了。博士(学術)。現在、実践女子大学文学部国文学科准教授。著書に『中国知識人の三国志像』(研文出版、二〇一五年)などがある。二〇一〇年、第二十九回東方学会賞受賞。

袴田郁一　はかまだ・ゆういち
一九八七年、東京都生まれ。早稲田大学大学院文学研究科博士後期課程在籍。修士(文学)。著書・論文に『マンガでわかる三国志』(共著。池田書店、二〇一六年)、「大衆と伍す英雄―吉川英治『三国志』における諸葛亮像の形象」(『三國志研究』第一三号、二〇一八年)などがある。

長谷川隆一　はせがわ・りゅういち
一九九一年、神奈川県生まれ。学習院大学大学院人文科学研究科史学専攻博士前期課程修了。現在、早稲田大学大学院文学研究科東洋哲学コース博士後期課程在籍。論文に「徐幹の賢人論―「名実論」を媒介として―」(『六朝学術学会報』一九、二〇一八年)、「後漢時代における反乱の平定―「恩信」を媒介として―」(『学習院史学』五五、二〇一七年)などがある。

渡邉将智　わたなべ・まさとも
一九七八年、千葉県生まれ。早稲田大学大学院文学研究科史学(東洋史)専攻博士後期課程修了。現在、就実大学人文科学部総合歴史学科講師。著書・論文に『後漢政治制度の研究』(早稲田大学出版部、二〇一四年)、「後漢桓帝の親政と宦官の国政関与」(『東洋史研究』第七七巻第一号、二〇一八年)などがある。

渡邉義浩　わたなべ・よしひろ
一九六二年、東京都生まれ。筑波大学大学院博士課程歴史・人類学研究科修了、文学博士。現在、早稲田大学理事・文学学術院教授。三国志学会事務局長。著書に『漢帝国』(中公新書、二〇一九年)、『王莽』(大修館書店、二〇一二年)、『全譯後漢書』全十九巻(主編。汲古書院)などがある。

監修
三国《さんごく》志《し》学会《がっかい》

中国学の底上げ、アジア文化交流の架け橋を目指し、建安文学・魏晋の哲学宗教・三国時代史・三国志演義の研究者が一同に会して、学際的な研究を行うことを目的とした団体。機関誌『三國志研究』の刊行、年1回の大会開催のほか、啓蒙書の監修・編集も積極的に行っている。

事務局：〒162-8644新宿区戸山1-24-1
　　　　早稲田大学文学学術院 渡邉義浩研究室

曹操《そうそう》　奸雄《かんゆう》に秘《ひ》められた「時代《じだい》の変革者《へんかくしゃ》」の実像《じつぞう》

2019年7月20日　第1版第1刷発行
2019年8月20日　第1版第2刷発行

監修　三国志学会
発行者　野澤伸平
発行所　株式会社山川出版社
東京都千代田区内神田1－13－13　〒101－0047
電話　03(3293)8131(営業)
　　　03(3293)1802(編集)
企画・編集　山川図書出版株式会社
印刷所　株式会社太平印刷社
製本所　株式会社ブロケード
https://www.yamakawa.co.jp/

造本には十分注意しておりますが、万一、乱丁・落丁本などがございましたら、小社営業部宛にお送りください。送料小社負担にてお取替えいたします。
定価はカバーに表示してあります。

©Sangokushigakkai 2019　Printed in Japan
ISBN 978-4-634-15153-6

三国志への招待

三国志の会 編

ようこそ三国志の世界へ
曹操と乱世を生きた英雄たち

漢王朝の遺臣曹操、諸葛亮の補佐で蜀の帝位についた劉備、南方呉の皇帝を謳歌した孫権、いずれも天下のために命を投げ打った。

だが、真の英雄の名に値するのは、いったい誰か？

図版と簡潔な説明によって、読者を「三国志、英雄たちの世界」に案内する。

定価 本体1600円（税別）

山川出版社